공존을 위한
인문 무크지 **아크** 4

# 환대

# 환대

## 허동윤

건축을 전공하고 현재 ㈜상지엔지니어링건축사사무소 대표이사를 맡고 있다. '건축은 인문에 다름 아니다'라는 생각을 가지고 있다. 건축사사무소로는 유일하게 인문학아카데미를 2017년부터 운영하고 있으며지난해부터는 인문무크지 『아크』를 발간하고 있다.

# 환대할 준비

'환대'를 주제로 아크 4호를 만든다는 말을 듣고 처음에 의아했습니다. 환대는 말 그대로 환영하고 대접하는 것인데 더 이상 무슨 말이 필요하냐는 짧은 생각이었습니다. 이후 편집회의를 거치면서 조사하고 토론하는 가운데 '환대'가 내포한 철학적, 인문적 의미를 깨닫게 되었습니다.

철학자 김용석 선생은 아크 이번 호 「인간의 과제 환대 Hospitality 에 관하여」에서 "현실에서 환대의 문제는 거의 공동체의 문제다. '나'라는 사람이 누군가를 적대하거나 환대하는 것도 그가 속한 공동체의 의식과 관습에 영향을 받기 때문"이라고 했습니다.

남북관계, 미중관계, 이스라엘과 팔레스타인 문제, 최근 러시아의 우크라이나 침공을 보며 적대 행위가 만연한 현 시대가 요구하는 가장 중요한 가치가 '환대'라는 생각을 하게 됩니다.

　　성경에는 '나는 너희에게 이르노니 악한 자를 대척하지 말라 누구든지 네 오른편 뺨을 치거든 왼편도 돌려 대며, 또 너를 고발하여 속옷을 가지고자 하는 자에게 겉옷까지도 가지게 하며'라고 되어 있습니다. 법화경에는 불경보살이 모든 이에게 "나는 깊이 그대들을 존경하며, 감히 경멸하지 아니하느니라. 그 까닭은 그대들은 모두 보살의 도를 행하여 마땅히 작불 作佛 할 수 있기 때문이니라"고 말하며 나무와 돌로 맞고 **장목와석** 욕을 먹는 **악구매리** 박해에도 굴하지 않고 예배행을 관철했다는 이야기가 있습니다.

타인

물론, 현대사회에서는 거의 불가능한 수행방법이라고 할 수도 있겠지만 자세히 들여다보면 '생명'이 가진 다양한 스펙트럼 중 '절대적 선'에 도달하는 과정을 담고 있다는 것을 알 수 있습니다.

고 **故** 김종철 선생이 남긴 글, '생명사상과 환대의 윤리'에는 '오랜 인류사에서 인간을 사람답게 만들어오고 나름대로 문명적인 생활을 가능하게 하고, 사람이 사람 관계에서 예를 갖추고 살게 만든 그야말로 원초적인 힘은, 법이 아니라 민중의 원초적인 정의감'이라며 이게 생명사상이고 바로 환대의 사상이라 했습니다. 이렇게 환대는 사람의 자격을 부정하지 않는 것, 사람다움의 문제입니다. [1]

---

1    허동윤의 비욘드 아크 '부산, 환대할 준비가 되어 있나'. 부산일보, 2022. 7.1

인간이 가진 가장 고귀한 능력은 타인의 감정을 자기 것처럼 느낄 수 있는 동고同苦 의 마음, '공감 능력'입니다. 공감이 전제되지 않은 환대는 있을 수 없으며 그것을 잘 발현하는 것이 '공존'의 비결입니다. 결국, 환대가 없다면 공동체의 가치도 사라지게 됩니다.

결코 용서할 수 없고 진정으로 환대할 수 없는 상대에게 다가갈 수 있는 마음과 태도가 이상적인 '환대'로 가는 길이라는 생각입니다. 타인을 향한 환대가 결국 자신을 위한 환대가 되니까요.

이번 4호 '환대'는 현대사회의 인류가 직면한 문제를 풀기 위한 고민과 실천의 과제가 담겨 있습니다. 한 편 한 편 읽으며 현대사회의 문제를 풀 수 있는 핵심 열쇠가 '환대'에

여는

있다는 생각을 하게 됐습니다. 귀한 글을 보내주신 필자들께
진심으로 감사드립니다.

# 고영란

월간 예술부산 기자, ㈔한국예술문화비평가협회 사무국장과 계간『예술문화비평』편집장을 지냈다. ㈜상지건축 대외협력본부장으로 인문학아카데미를 기획, 진행하고 있으며 인문 무크지『아크』편집장이다.

# Editor's letter

'휴먼' '믿음' '자연'에 이어 아크 4호 주제는 '환대'입니다. 환대는 지난 2호 편집회의 때부터 꾸준히 거론됐던 주제입니다. 펜데믹으로 인해 불평등, 차별, 혐오, 기후위기, 환경, 생태 등의 문제들이 여느 때보다 선명하게 드러났기 때문입니다. 더 이상 '환대'를 미룰 수 없었습니다. 누구보다 '환대'를 주장했던 편집위원 한 분은 광주의 고려인마을 인터뷰를 이번 호에 실었으면 좋겠다고 했습니다. 편집위원 모두 워크숍을 겸해서 함께 가기로 했습니다. 편집회의는 2월 초에 했고 워크숍은 4월 초로 잡았습니다.

2월 24일 러시아가 우크라이나를 침공했습니다. 세계가 똘똘 뭉쳐 러시아를 압박하면 끝날 것 같던 전쟁은 아직도 진행 중입니다. 펜데믹 이후 침체된 세계 경제는 우크라이나 전쟁으로 인해 더욱 곤두박질치고 있습니다. 펜데믹이든, 전쟁이든, 인간의 욕심이 불러온 재앙은 약자와 소외계층을 더욱 힘들게 하고 차별과 혐오를 부추깁니다.

4월 아크 워크숍으로 방문한 광주 고려인마을에서 우크라이나 전쟁난민을 받아주는 무조건적인 환대를 만났습니다. 한 사람으로 시작된 환대가 고려인마을 전체의 환대로 확산된 기적 같은 이야기였습니다. 「환대가 기적으로…광주로 떠난 '환대 여행'」 **조봉권**은 광주 고려인마을 탐방기입니다.

환대가 만들어낸 마을이 여기 부산에도 있습니다. 2009년 '꿈을 꾸는 부산의 마추픽추'로 시작된 감천문화마을입니다. 그 프로젝트에는 참여하지 않았지만 시작부터 계속 지켜봤습니다. 보통 공공프로젝트는 지원 사업이 끝나면 접거나 운영 주체가 바뀌기 마련인데, 적어도 10년은 버티겠다고 했던 진영섭 작가는 아직도 감천문화마을의 많은 일을 함께하고 있습니다. 안 되면 되게 하고, 없으면 만들고, 진 작가가 예술인, 감천 2동 주민들, 상인들. 공무원들과 함께 만든 시간은 마을공동체가 만들어낸 환대의 시간이었습니다. 「마을미술이 환대가 되기까지」 **고영란**는 진영섭 작가와의 인터뷰

여는

를 바탕으로 감천문화마을 이야기를 담았습니다.

　부산이 가진 환대의 역사는 「엑스포와 환대」 **권대오** , 「부산과 부산항, 그 존재의 의미」 **강동진** 에서 살펴볼 수 있습니다.

　일제강점기와 한국전쟁을 겪으며 부산이라는 도시가 보여준 것이 바로, 환대였습니다. 해방을 맞아 강제동원으로 끌려가거나 여러 이유로 조국을 떠나야 했던 동포들은 부산항으로 귀환했고, 한국전쟁 때 전국 각지에서 몰려든 피란민을 맞이한 곳도 부산입니다. 부산은 한국전쟁 중 1,023일 동안 피란수도였으며 60여 개국의 유엔군을 연결하고 세계 유일의 유엔묘지가 조성된 곳이기도 합니다. 전쟁 후 고향으로 돌아가지 못한 피란민들이 정착한 곳도 부산입니다. '2030 부산엑스포' 유치를 위해 본격적인 활동을 전개하고 있는 지금, 부산이 가지는 환대의 역사를 되짚어 봅니다.

　이번 호의 첫 글은 「인간의 과제, 환대 Hospitality 에 관하여」 **김용석** 입니다. 이 글에서는 현실에 나타나는 환대의 문제가 거의 공동체의 문제임을 밝히고 적대라는 악보다 환대라는 선을 실천하기 어려운 이유와 무조건적인 환대의 당연함을 역설합니다.

「『맹자』 환대의 공간, 환대의 미학」 **송철호** 은 맹자의 사상을 통해, 「역사로서의 환대: '역사 없는 사람들'의 역사를 위하여」 **전진성** 는 소수자, 약자, 이방인 등 '인권'에 대한 문제를 통해 환대를 바라봅니다.

이 외에도 난민 수용 정책을 실시한 독일 메르켈 전 총리 「환대의 정치 메르켈」 **김만권**, 이방인을 어떻게 받아들일 것인가에 대한 「이방인, 무조건적 환대, 테오레마」 **신지은**, 일본인들이 타자의 시선을 의식하며 보이는 수용과 거절의 딜레마 「일본의 환대:수용과 거절의 딜레마」 **류영진**, 해월 최시형 선생의 사상으로 환대를 에세이 형식으로 풀어쓴 「해월의 마음」 **정훈**, 뮤지션 양병집에 대한 글 「환대받지 못했으나, 세상을 환대한 뮤지션」 **고종석**, 반려묘를 통해 공존의 길을 모색하는 「불편해도 괜찮아」 **박형준** 를 실었습니다.

그리고 어원 「'차가운 세계'를 '따스한 집'으로」 **장현정**, 건축 「'환대'받지 못하는 건축」 **차윤석** 「위기의 시대, 환대의 해양건축」 **이한석**, 그림 「타자의 환대, 그림 속 타자의 이미지와 환대의 문제」 **김**

여는 글

종기, 영화 「환대의 조건을 질문하며」 조재휘, 전통 「서사의 내용과 방향을 좌우하는 환대」 심상교 등으로도 환대를 만날 수 있습니다.

이번 호에 참여해주신 모든 필자들께 진심으로 감사드립니다. 관념에 머물던 환대가 여러 필자들의 글로 인해 구체화되고 실천의 방향까지 고민하게 되었습니다.

한나 아렌트는 그의 저서 『예루살렘의 아이히만』에서 상부의 명령에 아주 작은 부분을 움직였다는 아돌프 아이히만을 보며 '악의 평범성'을 이야기했습니다. 자신의 일에 충실했던 아이히만이 관여한 것은 '홀로코스트'라는 유대인 대학살이었기 때문입니다. 모든 사람이 당연하게 여기고 평범하게 행동하는 것이 악이 될 수 있다는 아렌트의 주장은 지금도 유효합니다. 현대사회의 법과 절차, 관습에 따르다 보면 자기도 모르게 '악'을 저지를 수 있기 때문이지요. 난민, 불평등, 차별, 혐오, 환경, 생태, 기후변화 등 인류의 공통과제를 안고 있는 지금, 우리들의 환대는 어디까지여야 할까요.

# 김용석

로마 그레고리안 대학교에서 철학박사 학위를 받고 그곳 교수를 지냈으며, 프라이부르크, 옥스퍼드, 시애틀(워싱턴대) 등에서 연구했다. 영산대학교 교수를 역임했으며, 정년퇴임 후 현재 저술, 언론 기고, 강연 및 스토리텔링 컨설턴트 일을 하고 있다. 지은 책으로『문화적인 것과 인간적인 것』『미녀와 야수, 그리고 인간』『철학광장』『서사철학』『메두사의 시선』등이 있다.

# 인간의 과제 환대 Hospitality 에 관하여

인간은 과제를 설정하는 동물이다. '해야 할 일'을 기획하고 실천한다는 것은 그 자체로 윤리성을 내포한다. 인간의 조건들, 곧 시·공간의 자연적 조건, 인류의 생물학적 조건, 함께 살아가야 하는 존재로서 '사람들'의 문화·사회·경제·정치적인 조건은 인간의 삶에 수많은 한계를 짓고 다양한 속박을 가한다. 그럼에도, 아니 어쩌면 그렇기 때문에 인간은 과제 설정의 의지를 더욱 발휘하려고 하는지 모른다. 그러므로 인간의 과제는 인간의 조건을 더욱 드러내 보여주는 것이기도 하다. 조건은 주어지지만 과제는 만들어가는 것이다. 곧 능동적인 것이다. 열린 가능성의 세계로 들어서는 것이기도 하다. 그런데 인간은 '자기 의무화'까지 하면서 분수에 넘쳐 보이는 과제를 추구하기도 한다. 다른 생명체의 눈에 인간이란 참으로 이상한 동물이리라. 그러한 과제 가운데 하나가 '환대'이다.

"환대는 인류의 유대를 통해 온 우주를 보살피는 위대한 영혼의 미덕이다." 이것은 18세기 디드로와 달랑베르가

주도해 발간한 『백과전서』 제8권 1765 에서 "성 聖 과 속 俗 의 역사, 자연법 그리고 도덕"과 연관한 단어로 분류된 환대 hospitalité 의 정의다. 온 우주, 위대한 영혼, 어마어마하지 않은가. 이는 환대에 관해 논하려면 방대한 탐구가 필요하다는 뜻이기도 하다. 더구나 인도유럽어 계통의 언어들에서 환대를 뜻하는 말은 어원적으로 복합적 의미를 지닌다. 그 말의 뿌리에서 이방인, 적의 敵意 , 인질, 손님, 주인이란 단어들이 모두 유래했기 때문이다. 이 글의 제목에서도 영어 'Hospitality'를 괄호 안에 별도 표기했듯이, 환대에 관해서는 인도유럽어가 발생했던 지역인 인도 서부, 무엇보다도 중동 그리고 유럽의 역사에서 제한적이지만 흥미로운 이야깃거리를 찾아볼 수 있다.

## 아우다 아부 타위의 방귀

아우다 아부 타위 Auda Abu Tayi, 1874~1924 는 아랍 베두인 부족 하위타트의 족장이다. 제1차 세계대전 당시 오스만 터키 제국의 지배를 받던 아랍인들은 영국의 지원으로 아랍 반란 Great Arab Revolt 을 일으켰다. 아우다는 그 반란 전쟁의 영웅이었다. 당시 영국에서 파견되어 파이살 왕자와 함께 반란 전쟁을 이끌었던 로렌스T. E. Lawrence는 자신의 전기 『지혜의 일곱 기둥』1926 에서 아우다를 전설적 인물로 묘사했는데, 그의 '통 큰 환대'에 대해서도 각별히 언급했다. "아우다의 관대함은 수많은 전리품에도 불구하고 그를 항상 가난하게 만들었다." 우리는 로렌스의 전기를 바탕으로 한 데이비드 린 감독의 영화 〈아라비아의 로렌스〉1962 에 묘사된 아우다 앤소니 퀸 분 의 행적을 통해 환대의 의미에 좀 더 깊이 들어가 볼 수 있다.

로렌스는 하리스 부족과 함께 터키 군의 요새를 공격하기 위해 진군한다. 험난한 사막을 관통하는 고된 행군 끝에 오아시스에 도착한다. 휴식하고 물을 보충한 후 다시 출발하기 직전, 그곳의 주인 아우다에게 발각된다. 하리스의 족장은 사막을 떠돌다 오아시스에 들른 방문객의 권리를 주장한다. 그러나 아우다에게 그들은 방문객이 아니라 침입자다. 침입자에겐 죽음이 기다린다. 일촉즉발의 상황! 당시 아우다는 후계 교육을 위해 십대인 아들을 동반하고 있었다. 로렌스는 기지를 발휘해 "당신은 오늘 아들에게 무엇을 가르칠 겁니까? 이게 하위타트 부족의 환대입니까?"라고 묻는다.

아우다는 호탕하게 웃어젖히며 침입자도 환대하겠다고 한다. 모두 자신의 야영지에서 만찬을 하자고 한다. "내일은 당신들을 터키 군에 팔아넘기더라도!"라는 농담을 빼놓지 않으면서 말이다. 방문객, 아니 침입자에게 먹고 마실 것을 풍성히 대접하고 함께 수다를 떤 다음 하인들이 상을 물리자, 아우다는 자세를 고쳐 앉으며 뿌우욱~, 그야말로 시원한

방귀를 뀐다. 러닝타임 227분 영화에서 이 장면 샷은 찰나이다. '찰나의 의미'는 소중하다

　　아우다 아부 타위의 방귀, 그것은 무엇을 말하는가. 답은 간단하다. 그의 오장육부가 시원하고 편안해졌다는 것을 말한다. 왜 그렇게 편안해졌는가. 환대의 효과가 제대로 발휘되었기 때문이다. 자신이 초대한 손님을 환대하는 것은 오아시스에서 시원한 물 마시기 수준이다. 예기치 않은 방문객을 환대하는 것은 좀 불안하긴 해도 상대적으로 수월한 편이다. 그런데 언제 도적이나 강도 또는 살인자로 변할지도 모르는 무장한 이방인 더구나 **자신이 침입자로 간주했던** 을 환대하려면 겉으로는 호탕한 척해도 오장육부가 꼬이는 긴장을 감수해야 한다. 타인을 대접하느라 자기 집이 주는 편안함이 해체되는 경험을 해야 하며, 자신이 오히려 그들에게 볼모로 붙잡힌 것 같아 심기가 뒤틀릴 수도 있다.

　　타인을 알려면 타인과 깊숙이 교류해야 한다. 시간적으로 오래 교류하지 않더라도 환대의 진정성에 깊이가 있으면 타자를 타자로서 제대로 인식할 가능성은 커진다. 환대의 보상은 시원한 방귀다. 곧 선입견과 의심의 독소가 빠져나가 다시금 편안하고 새로워진 몸과 마음이다. 다음날 아침 아우다는 그들을 터키 군에 팔아넘기기는커녕 그들과 합심해 요새를 향해 진군한다.

환대의 중요성은 신화의 시대부터 강조되어왔다. 적의
와 적대 행위가 빈번할수록 호의와 환대의 필요성은 더욱 제
고되어왔다. 환대의 의미를 절대화한 것은 '신神의 계시로
서 환대'이다. 오비디우스가 『변신 이야기』에서 중동과 터키
반도에 떠돌던 신화를 모아 각색한 '바우키스와 필레몬'의 이
야기도 그 가운데 하나다. 나그네로 변장한 신들이 "일천 채
의 집을 찾아가 쉬어가게 해 달라고 청했으나, 일천 채의 집
에 빗장이 질리며 문이 닫혔다. 딱 한 집만이 그분들을 맞았
다." 가난한 노부부 바우키스와 필레몬의 집이었다. 노부부
의 극진한 대접에 신들은 모습을 드러내고 그들의 소원을 들
어주었지만, 홍수를 불러와 온 마을을 수장해버렸다. 여기서
유피테르 또는 제우스는 '테오제니아 theoxenia', 곧 '신을 받
아들이듯이 이방인을 환대하라'는 깨우침을 준 것이다.

절대적 또는 무조건적 환대의 의미를 '깨우쳐 보여주는'
신의 계시로서 환대의 일화는 고대 인도의 신화에도 나오고
기독교 구약성서에도 나온다. 신이 이방인 또는 나그네로 변
신했을지도 모르는데, 묻지도 따지지도 않고 찾아온 사람을
무조건 환대해야 하지 않겠는가. 호메로스의 『오디세이아』
에는 다양한 환대의 일화들이 나온다. 그 가운데는 무조건
적인 것도 있고 상대적으로 조건적인 것도 있으며, 귀향길의

손님을 즐겁고 풍성하게 대접하면서도 칠 년 씩이나 붙잡았던 칼립소의 '왜곡된 환대' 이야기도 있다.

고대로부터 타자를 어떻게 대할 것인지와 연관해서 절대적 환대와 상대적 환대, 또는 무조건적 환대와 조건적 환대에 대한 인식은 있어왔다. 다만 그것을 정치 精緻 한 논리로서 체계적으로 이론화하지 않았을 뿐이다. 대신 다양한 형태의 이야기로 전해왔다. 근대적 주체성과 타자성의 문제가 유난히 부각된 현대 사회에서 철학자들은 그것을 좀 더 정교히 이론화하려고 했다.

마르틴 부버는 '나-너 Ich-Du '라는 짝말을 존재의 근원어로 인식함으로써 타자성을 강조한다. 에마뉘엘 레비나스에게 타인은 '다른 이 L'Autrui '다. 곧 결코 '나'로 환원될 수 없는 다른 존재이다. 타인의 존재를 이토록 강조한 까닭은 주체의 주체성을 올바르게 드러내기 위함이다. '나'라는 주체가 주체로서 의미를 갖는 것은 타인을 수용하고 손님으로 환대하는 데에 있기 때문이다. 주인은 손님이 집에 들어오는 순간, 그의 볼모가 되어 그에 대해 무한 책임을 진다. 그러므로 환대는 절대적이며 무조건적이어야 한다. 자크 데리다의 환대 개념도 우선적으로는 낯선 타자에게 신원을 묻지도 않고 보답을 요구하지도 않으며 상대방의 적대에도 불구하고 지속되는 무조건적 환대이다. 이런 무조건적 환대는 현실적으로 '불가능할 것 같은' 것에 대한 사유이다. 일종의 '사고 실험'

이다. 그러나 그것이 모든 환대가 지향해야 할 이상 理想 이라는 점에서 의미가 있다. 이상의 인력 引力 없이 현실은 개선되지 않기 때문이다.

그런데 여기서 유심히 보아야 할 점이 있다. 한나 아렌트는 철학자들의 사유가 종종 '단독자로서의 인간'으로 환원되는 데에 불만을 표시해왔다. 주체성과 타자성, 그리고 환대의 담론에서도 이런 경향은 드러난다. 나와 너, 나의 집에 찾아온 손님에 대한 담론에서 때론 의도치 않게 복수의 문제가 단수의 문제로 환원되는 조짐을 보이기 때문이다. 그렇게 되면 문제의 핵심이 몽롱해질 위험이 있다.

단독자로서 사람은 다른 사람과 어떤 방식으로든 관계를 맺으려 한다. 이는 로미오와 줄리엣의 이야기가 아주 잘 보여준다. 두 사람이 속한 가문은 서로 원수처럼 적대하고 싸우지만, 두 사람은 서로 상대를 완벽히 인정하고 환대하는 사랑에 빠지기 때문이다. 버스터 키튼이 로미오와 줄리엣을 패러디해서 코미디 영화를 만들었을 때, '나'가 아니라 〈우리의 환대 Our Hospitality 〉 1923 를 주제로 삼은 것은 그의 철학적 통찰력을 잘 보여준다.

현실에서 환대의 문제는 거의 공동체의 문제다. '나'라는 사람이 누군가를 적대하거나 환대하는 것도 그가 속한 공동체의 의식과 관습에 영향을 받기 때문이다. '나' 안에는 다양한 '우리'가 들어가 있다. 가문이라는 우리, 계층이라는 우리,

인종이라는 우리, 종교라는 우리, 지역이라는 우리, 국가라는 우리 등이 그것이다. 내가 타자를 대하는 순간 내 안에 체화되어 있는 어떤 우리가 작동하게 된다.

환대와 적대의 문제가 실질적으로는 우리의 문제이기 때문에 고대의 현자는 '온갖 우리'를 차갑게 비웃었다. 디오게네스는 어느 나라 사람이냐는 물음에 "코스모폴리테스 kosmopolítes"라고 답했다. 통상 '세계시민'이라고 옮겨 쓰지만, 자구대로 옮기면 '우주 kósmos 시민 polítes'이다. 이는 무엇을 의도하는가. 완벽한 탈집단화의 선언이다. 이 세상에서 국가를 비롯한 모든 집단의 구분이 없어져야 함을 뜻한다. 그는 자신을 우주에 귀속시킴으로써 영리하게도 모든 집단을 무의미하게 만든 것이다. 모두 우주 시민이 되면 적대해야 할 이방인도 존재하지 않게 된다. 이는 디오게네스가 '함께 살아가야' 하는 세상의 원리로 내세운 것이다. 인류의 유대와 온 우주에 대한 배려를 환대의 정의 안에 담으려 했던 백과전서파의 의도를 다시금 상기하게 된다.

이것은 삶의 원리에 관한 것이고, 일상의 경험에서도 환대와 적대가 집단의 문제임을 보여주는 디오게네스의 일화가 있다. 한 연회에서 사람들이 디오게네스를 연회석에 초대하기는커녕 마치 개에게라도 하듯이 그에게 뼈다귀를 던져주었다. 그러자 그는 개가 하듯이 한 다리를 들고 그들을 향해 오줌을 내갈겼다. 그런 연회의 참석자들은 귀족이나 부자들일 터, 그들 집단과 계층에 속하지 않은 타자에 대해 경계를 긋고 적대한 것이다. 개들은 종종 오줌으로 경계 표시를 한다. 디오게네스는 개처럼 오줌을 싸 보임으로써, 아무 때나 경계 표시를 하며 타자를 미리 배제하는 '개보다 못한 자들은 사실 너희 귀족들'이라고 일침을 가한 것이다.

임마누엘 칸트는 국가 간의 '영구 평화'를 위해 세계시민법과 보편적 환대의 조건을 논했다. 그 내용이 어떻든지, 18세기의 이론이 갖는 한계가 어떻든지, 그가 환대의 문제를 '우리'의 차원에서 체계적으로 논했다는 점은 의미 깊다. 인간 공동체 가운데서도 합법화된 폭력을 기반으로 하는 '문제투성이 공동체'인 국가, 그들 사이의 관계를 풀어내는 데에 환대의 개념을 활용했다는 점에서 칸트의 말은 귀담아들을 만하다. 그가 이에 관한 논지 전개에서만은 고유 독일어가 아니라 굳이 외래어 'Hospitalität'을 사용한 것에서도 그 의도를 읽을 수 있다. 무조건적 환대의 논리를 전개했던 데리다도 오늘날의 구체적 현실에서 볼 때, 환대의 문제란 결국 막연한 이방인이라기보다 '다른 나라 사람' 곧 외국인의 문제임을 인정한다. 국가는 정치적으로 조작된 '미학적 아우라'를 지닌 '우리'다. 각종 이념의 꽃들과 신념의 보석들로 치장되어 있기 때문이다. 이렇게 강화된 우리의 결속은 타국인에 대한 환대를 실천하기 더욱 어렵게 만든다.

## 유불리의 비대칭성, 그 비극의 심연

국가의 문제 외에도, 적대라는 악 惡 보다 환대라는 선 善 을 실천하기 어려운 데는 좀 더 근본적인 이유가 있다. 환대는 상대를 향해 총체적으로 자신을 '열고' 그를 받아들이는 태도다. 환대와 적대, 선과 악, 엶과 닫음 같이 대구 對句 로 표현되는 것들은 서로 대칭적으로 보이지만, 그 존재 양식은 '비대칭적 이원 구조'로 되어 있다. 다시 말해 서로 '형평적 상반 관계'에 있지 않다. 흔히 말하듯이 세상에 나쁜 일은 많은데 좋은 일은 적다는 가시적 현상으로서 양적인 비대칭도 있지만, 더 근본적인 것은 존재의 구조적 비대칭성이다.

닫음은 엶을 완전히 부정할 수 있다. 닫는다는 행위 자체가 열림을 원천적으로 배제해도 자기모순은 없다. 그러나 엶은 닫힘을 원천적으로 배제하거나 완전히 부정할 수 없다. 여는 행위는 닫음의 행위에도 열려 있어야 하기 때문이다. 그러지 못하면 자가당착에 빠진다. 이는 여는 행위가 갖는 비극적 운명인지도 모른다. 그렇기 때문에 엶의 의도와 행위가 더욱 의미 있는 '인간의 과제'일지 모른다. 여는 행위가 닫음에 대해서도 열려 있어야 하는 것은, '원수를 사랑하라'는 말 못지않게 역설적이며 모순적인, 처절하게 힘든 과제이다.

인간 비극의 심연에는 악과 선의 비대칭적 이원 구조가 도사리고 있다. 악과 선의 대립에서 악은 선에 대해 항상 유리한 위치를 점한다. 악은 자신의 본질에 충실하면 그만이지만, 곧 일관되게 상대를 전혀 배려하지 않고 사악하면 그것으로 충분하지만, 선은 악에 대해서도 선해야 하기 때문이다. 이것은 어둠과 밝음의 관계에서도 마찬가지다. 어둠은 자기 자신 안으로 침잠할수록 더욱 어두워질 수 있지만, 밝음은 어둠조차도 밝혀야 자신에게 충실할 수 있다. 곧 자기 존재 이유를 충족시킬 수 있다.

악과 선이 형평적 상반 관계에 있지 않다는 것은 그들이 서로 맞설 때 악은 어드밴티지를 즐기고 선은 핸디캡을 감수하는 게임을 해야 한다는 것을 의미한다. 선이 악에 무릎을 꿇지 않기 위해서는 악을 끝까지 선하게 대해야 한다. 하지만 악은 선이 악해지도록 유도한다. 이것이 선에 대한 악의 치명적 전략이다. 그렇다면 선은 악에게 항상 당하고 말 것인가. 선은 어떻게 온전히 존재할 수 있는가.

악과 선의 비대칭적 유불리 관계의 비밀은 존재의 고통, 그 심연에 눈을 돌려야 포착할 수 있다. 선의 존재 의미는 '비극적 서사'로서 가능하기 때문이다. 선은 스스로 악에게 희생물을 담보 잡히는 선한 행동의 서사를 써야만이 악해지지 않으면서도 악의 공세를 견뎌 낼 수 있고 악을 물러서게 할 수 있다. 환대가 선의 행위와 엷의 태도 편에 있는 한, 무조건적 환대의 주체는 적의를 가진 타자에게 자기 자신을 볼모로 잡히는 비극의 서사를 쓰고자 한다. 의연한 비극적 품위로 그 처연한 인간의 과제를 무릅쓰고자 한다.

## 초대받지 않은 주인,
## 그 피상적 당연함의 역설

심연에서 나와 표면에 서 보자. 이곳은 피상적 현실의 세계다. 일상의 삶이 있고, 희로애락의 회전목마가 분주히 돌아가는 세상이다. 심연의 위에는 피상이 있는 것이다. 저 밤하늘, 인간 비극의 궁극적 비밀을 품고 있을 우주의 심연 그 밑에도 피상이 있다. 심연을 천착하는 감수성과 사색이 엄중한 만큼, 피상을 향해 열린 오감과 생각도 소중하다. 철학은 종종 '피상적'이란 말에 거부 반응을 보이기도 하지만, 철학이 피상을 간과하면 심연의 입구를 보지 못하게 된다. 인간의 조건은 이 세상 만물의 피상에 깃들어 있으며, 인간의 과제도 그곳에서 출발해야 한다.

피상의 세계에서는 상대적이고 조건적인 초대와 환대가 빈번하다. 무조건적 환대의 필요성은 속을 알 수 없는 이방인의 예기치 않은 방문을 아무런 조건 없이 받아들이는 것이므로 하나의 '사건'으로 다가오지만, 상대적이고 조건적인 환대는 항상 '행사'의 방식을 취한다. 가정의 행사에서 지역, 국가 그리고 국제적 행사까지, 모든 행사는 예의범절을 필요로 한다. 공간은 정해지고 시간은 지켜져야 한다. 모두 세속적인 일들이다. 세속적인 일들을 잘 하기 위해서는 '마음을 기술화'하는 능력을 발휘해야 한다.

기술이란 말을 써서 고매한 철학자들의 심기를 또 건

타인

드렸을지도 모르겠다. 그렇다면 예술이라고 할까. 기술이든 예술이든 같은 것에서 유래한다. 고대 헬라스의 테크네 téchne 에 상응하는 말로 로마에서는 아르스 ars 를 사용했기 때문이다. 그렇다면 기예라고 하자. 사랑의 마음이 활활 타고 있어도 사랑의 기예가 없으면 사랑은 맺어지지 못하거나, 맺어지더라도 지속되지 못한다. 환대도 마찬가지다. 환대의 기예가 없으면 환대의 마음이 전해지지 않는다. 그래서 고대로부터 '환대의 코드'가 있는 것이다.

환대의 코드는 일상의 상대적 환대에만 적용되는 게 아니다. 오히려 사건으로서 맞닥뜨리게 되는 무조건적 환대에 더 잘 적용해야 한다. 이는 신화, 성서, 문학의 이야기들에 상세히 묘사되어 있다. 이 점이 중요하다. 이방인을 받아들인다는 것은 그에게 소중한 것들을 모자람 없이 제공해야 함을 전제한다. 한 예로 앞서 말한 노부부 바우키스와 필레몬 이야기는 장황한 알레고리로 환대의 코드를 나열한다. 이방인에게 기본적으로 쉴 곳, 먹고 마실 것, 안전을 제공해야 하고 무엇보다도 그가 지루하지 않도록 해야 한다. 이를 구체적으로 어떻게 해야 할지도 묘사되어 있다. 환대의 기예가 미숙하면 환대가 지나치는 경우도 있다. 로렌스도 아우다의 환대가 '불편할' 경우도 있었다고 회상한다. 반면 기예의 탁월성은 불가능할 것 같은 과제를 풀어내는 열쇠가 되기도 한다. 행사로서의 환대에서 기예를 닦아 놓으면 사건으로서 환대의 과제가 주어졌을 때도 능숙하게 대처할 가능성은 높아진다.

그렇다면 초대하는 주인으로서 환대의 기예를 발휘해 얻을 수 있는 최고의 성과는 무엇일까. 어떤 사람은 진정한 환대의 즐거움은 주인이 손님이 되고 손님이 주인이 되는 데에 있다고도 한다. 그럴까? 좀 위태로운 발상 아닐까. 나는 모두 손님이 되는 것이라고 생각한다. 즐겁고 명랑한 자리에 주인은 없을수록 좋지 않은가.

주인은 당연히 초대받지 않은 사람이다. 초대하는 사람이기 때문이다. 하지만 그가 발휘하는 환대의 기예가 탁월해서 손님들이 그를 바로 그 자리에 초대하고 싶은 마음이 들 정도가 된다면, 그는 역설적으로 '초대받은 주인'이 된다. 이 형용모순이 실현되면 모두 손님이 된다.

그런 기예의 구체적인 방법에 대해서는 책을 한 권 써야 할지 모른다. 그래도 기본은 말할 수 있다. 정현종 시인은 「방문객」에서 "사람이 온다는 건/ 실은 어마어마한 일이다."라고 했다. 이는 어느 경우라도 한 사람, 한 사람 개별자에 대한 절대적 배려를 암시하는 말이다. 그러기 위해서는 스며드는 바람처럼 사람의 마음, 그 갈피를 하나하나 더듬어 볼 수 있어야 한다. "그런 바람을 흉내 낸다면/ 필경 환대가 될 것이다."

현실에서 환대의 문제는 거의
공동체의 문제다.
'나'라는 사람이 누군가를
적대하거나 환대하는 것도
그가 속한 공동체의 의식과 관습에
영향을 받기 때문이다.
'나' 안에는 다양한 '우리'가 들어가 있다.
가문이라는 우리, 계층이라는
우리, 인종이라는 우리, 종교라는
우리, 지역이라는 우리, 국가라는
우리 등이 그것이다.
내가 타자를 대하는 순간
내 안에 체화되어 있는
어떤 우리가 작동하게 된다.

# 송철호

부산대에서 문학박사 학위를 받은 후 경남대에서 교수로 지냈다. 현재
는 인문예술 아카데미 '담문' 회장 및 인문예술협동조합 물오어 대표
이사, 국사편찬위원회 사료조사위원, 울산남구문화원 부설 향토사 연
구소장을 맡고 있다.

# 『맹자』,
# 환대의 공간,
# 환대의 미학

## 맹자, 불가능한 환대

유가의 시조는 공자지만 유가의 이상을 체계화하고 학문으로 성립시킨 사람은 맹자이다. 『맹자』는 맹자의 사상이 오롯이 담긴 책이다. 덕치의 이상, 그 덕치를 가능하게 하는 선한 본성, 그리고 그 이상과 현실 사이의 거리를 메우기 위한 수양론의 전개와 인륜 교육에 대한 논의 등, 『맹자』는 유학 사상의 기본 골격을 그대로 보여주는 책이다. 주자학의 '성즉리 性卽理'와 양명학의 '심즉리 心卽理'의 명제는 모두 '본성은 선하다'라는 맹자의 성선설에 바탕을 둔 자기식의 해석들이다. 조선 성리학의 대표적인 논쟁들인 '사단칠정 四端 七情 논쟁'과 '인심도심 人心道心 논쟁' 역시 논쟁의 기본 전제는 '인간의 선한 본성'이다.

맹자는 공자가 죽고 나서 100년 정도 뒤에 태어났다. 공자와 맹자는 언제 태어나서 언제 죽었는지 정확하지 않다. 그저 『논어』나 『맹자』에 실려 있는 그들의 행적을 추적해서 연대를 추정할 뿐이다. 공자는 대략 기원전 551년경에 태어나 기원전 479년경에 죽었으며 맹자는 기원전 372년경에 태어나 기원전 289년경에 죽은 것으로 추정된다. 역사가들에 의해 공자와 맹자가 살았던 시대는 춘추전국시대로 분류된다. 공자는 춘추시대에 살았으며 맹자는 전국시대에 살았다. 춘추시대는 기원전 770년에서 기원전 403년까지이며 전국시대는 기원전 403년에서 진나라가 천하를 통일하기 전인 기원전 222년까지이다.

맹자가 살았던 전국시대는 피로 피를 씻는 참혹한 전쟁의 시대였다. 약육강식의 뺏고 뺏기는 시대였고 오직 실력 있는 사람만이 살아남는 시대였다. 장평대전처럼 수많은 사람이 한꺼번에 죽는 일이 다반사였으며, 싸움에서 패한 조나라는 나라 안에서 성인 남자를 찾아보기 힘들 정도였다고 한다. 언제 죽을지 모르는 현실에서 인간의 생명은 존중받지 못했으며 환대는 애당초 불가능했다.

호메로스는 오디세우스가 10년 동안이나 바다에서 표류했지만, 고향으로 돌아갈 수 있었던 것은 메넬라오스 왕과 칼립소, 알키노오스 왕과 나우시카 공주 등 많은 사람으로부터 환대를 받았기 때문이라고 했다. 고대 그리스인들은 집주인이 손님에게 이름이 무엇인지, 고향이 어딘지를 묻지 않고, 문명인인지 야만인인지 묻지 않고 음식과 숙소를 제공했으며, 떠날 때는 귀한 선물을 주었다고 한다. 자크 데리다는 이와 같은 환대를 '무조건적 환대'라고 했으며, 인간이 구현해야 할 진정한 환대라고 했다. 그런데 '절대적 환대'는 인간이 지향해야 할 것은 맞지만, 현실은 아니다. 전국시대처럼 인간에 대한 불신과 삶에 대한 불안감이 극에 달한 사회에서 환대란 누구에게나 쉽지 않은 일이었을 것이다.

## 환대의 공간

공자는 춘추전국시대에 인간이 고통을 받는 원인을 인간에게서 찾았다. 그는 인간이 인간을 힘들게 하는 것은 인간의 이기적인 욕망이라고 생각했다. 인간의 욕망이 전쟁을 일으키고, 인간 사회의 질서를 무너뜨려 인간을 힘들게 한다고 보았다. 따라서 공자는 문제 해결의 실마리를 인간에게서 찾았다. 그 한 예가 '극기복례'이다. 극기복례는 자기의 사욕을 극복하고 예 禮 로 돌아갈 것을 뜻하는 말이다. 『논어』「안연편」에서 공자가 제자인 안연에게 인 仁 을 실현하는 방법을 설명하면서 나온 말이다.

'극 克 '은 이긴다는 것이고, '기 己 '는 몸에 있는 사욕을 말하며, '복 復 '은 돌아간다는 것이고, '예 禮 '는 남을 대하는 도덕 법칙이다. 공자는 사람의 충동은 예와 의로써 조정해야 하는데, 자기의 욕망을 예의로써 나날이 극복하는 길이 사람 됨의 길, 곧 인 仁 이 되고, 나아가 이를 사회적으로 확충시키면 곧 도덕 사회가 된다고 보았다. 문제의 원인이 인간의 사욕에 있었으므로 그 인간의 사욕을 없애면 문제가 해결된다고 본 것이다. 예는 마음으로부터 우러나오는 도덕적 법칙의 실현이다. 사욕을 비운 마음으로 예로서 남을 대하게 되면 인간 사이의 다툼은 사라지고 인간이 인간을 힘들게 하는 일은 없어지게 될 것이다. 갈등이 사라진 인간관계, 조화로운 인간관계, 공자는 그것을 일러 대동 사회라고 했다.

맹자는 공자 사상을 계승했다. 단지 계승한 것이 아니라 공자 사상을 이론적으로 체계화하고 철학적 사유의 깊이를 더했다. 맹자는 공자보다 좀 더 인간의 내면에 치중했다. 맹자는 인간의 본성은 선하다고 했다. 그는 인간의 선한 본성은 태어나면서부터 훼손된다고 보았다. 인간은 태어나는 순간부터 오감이 발달하기 시작하는데, 오감의 발달은 이기를 불러온다고 했다. 맹자는 선한 본성의 훼손은 오감의 발달에 따른 이기적 욕망 때문이라고 본 것이다. 맹자 또한 그의 스승 공자와 마찬가지로 전쟁의 원인을 인간의 욕망 때문으로 보았으며, 인간 사회의 다툼은 인간 개개인의 이기적 마음 때문으로 보았다.

맹자는 이기적 마음의 문제점에 대해 『맹자』 맨 첫 장에서 이야기하고 있다. 『맹자』 전체를 관통하는 핵심 키워드 중의 하나가 이기임을, 이기를 맨 첫 장에서 다룸으로써 알려주는 것이다. 맹자가 양 혜왕의 초청을 받아 처음 혜왕을 만났을 때다. 혜왕은 인사말 겸, "천 리를 멀다 하지 않고 와 주셨으니 장차 우리나라를 이롭게 해주시겠습니까?" 라고 물었다. 그러자 맹자는, "왕께서는 하필 이익을 말씀하십니까? 다만 인과 의가 있을 뿐입니다" 라고 전제한 다음, "만승 萬乘 의 나라에서 그 임금을 죽이는 사람은 언제나 천승 千乘 의 녹을 받는 대신의 집이요, 천승의 나라에서 그 임금을 죽이는 사람은 언제나 백승 百乘 의 녹을 받는 대신 집입니다. 만에서 천을 받고, 천에서 백을 받는 것이 많지 않은 것이 아니지만 참으로 의 義 를 뒤로 하고 이익을 먼저 하면 빼앗지 않고서는 만족하지 못하는 법입니다." 다시 끝에 가서, "왕께서는 역시 인의를 말씀하셔야 할 터인데 하필 이익을 말씀하십니까?" 라고 거듭 이 利 의 문제점을 강조했다.

위 예문에서 맹자는 '의 義 를 뒤로 하고 이익을 먼저 하면 빼앗지 않고는 만족하지 못하는 법'이라고 했다. 모든 문제의 원인이 이익을 바라는 마음에 있다고 하면서 이익을 바라는 마음 대신 인과 의를 먼저 할 것을 주장하고 있다. 인과 의보다 이익을 바라는 마음이 우선이면 상하가 서로를 해친다고 했다. 맹자는 이익을 위해서는 살인도 마다하지 않는 것이 인간이라고 본 것이다. 그렇다면 인의 仁義 는 무엇인가?

성선설을 주장한 맹자에게 있어 인 仁 은 인간의 타고난 본성이다. 의는 인에 도달하기 위한 의지적 노력이다. 태어날 때 선한 성품을 지니고 태어났더라도 인간은 자라면서 오감의 발달과 그에 따른 이기적 마음의 발달로 선한 성품을 조금씩 잃어버리게 된다. 그래서 맹자는 인간이 태어날 때 지니고 온 본래의 성품을 찾아야 한다고 말한다. 『맹자』「공손추편」에 다음과 같은 내용이 나온다. '불쌍히 여기는 마음이 없는 것은 사람이 아니고, 부끄러운 마음이 없으면 사람이 아니며, 사양하는 마음이 없으면 사람이 아니며, 옳고 그름을 아는 마음이 없으면 사람이 아니다. '불쌍히 여기는 마음'은 어짐의 극치이고, 부끄러움을 아는 마음은 옳음의 극치이고, 사양하는 마음은 예절의 극치이고, 옳고 그름을 아는 마음은 지혜의 극치이다.' 맹자는 사람의 본성은 의지적인 확충작용으로 덕성으로 높일 수 있는 단서를 천부적으로 가지고 있다고 했다. 여기서 부끄러워하는 마음이 의義 다.

의는 자기의 옳지 못함을 부끄러워하고, 남의 옳지 못함을 미워하는 마음이다. 의를 반복하는 것, 의가 쌓이는 것을 집의 集義 라고 하며, 집의가 이루어지면 덕 德 으로 가득 찬 마음 상태 곧 인이 된다. 인간이 타고난 본성을 회복하여 인의 상태가 되면, 예와 지는 저절로 나타나게 된다. 예는 겸손하여 남에게 사양할 줄 아는 마음이다. 남을 존중하고 배려하는 마음이 예이다. 남을 대함에 있어서 예로서 한다면 그것은 달리 환대라고 할 수 있다. 그런데 예를 있게 하는 마음이 인仁 이다. 인은 남을 불쌍하게 여기는 타고난 착한 마음이다. 인의 한자는 인 '仁'이다. '나와 남이 다르지 않다'라는 뜻이다. 남과 나를 구별하지 않는 마음, 그것이 인이다. 『성경』에 나오는 '내 이웃을 내 몸과 같이 사랑하라'라는 말도 이와 별반 다르지 않다.

환대는 사람과 사람 사이의 일이다. 환대는 존재의 인정으로부터 출발한다. 나라는 존재가 있으므로 해서 남이 있고 남이 있으므로 해서 내가 있다. 인은 나 아닌 다른 사람의 존재를 인정하는 것이며, 남을 불쌍히 여기는 마음 곧 사랑하는 마음이며, 남과 나를 구별하지 않고 같이 대하는 것이다. 인은 그 자체로서 이미 환대이다. 남과 나를 구별하지 않고 같이 대하는 것, 차마 하지 못하는 마음으로 측은하게 여기는 마음, 인으로서 남을 대한다면 그것이 환대가 아니고 무엇이랴.

맹자는 환대란 말을 쓰지는 않았지만, 이미 환대를 이야기했다. 의를 통한 인의 회복과 인에 의한 예지 禮智 의 실현은 그로서 남 타자他者 에 대한 환대의 실현이다. 남을 나와 같이 대하는 것이면 환대는 저절로 이루어지기 때문이다. '나그네여! 그대보다 못한 사람이 온다 해도 나그네를 업신여기는 것은 도리가 아닙니다. 모든 나그네와 걸인은 제우스에게서 오니까요. 우리 같은 사람들의 보시는 작지만 소중한 법이오.' 『오딧세이아』에서 오디세우스가 노인으로 변장하고 고향 땅을 밟았을 때 만난 돼지치기 에우마이오스가 한 말이다. 이 얼마나 지고한 환대인가. 데리다는 신원을 묻

지 않는 환대, 보답을 요구하지 않는 환대, 상대방의 적대에
도 불구하고 지속하는 환대가 우리 사회에 이루어져야 한다
고 했다. 이러한 환대가 이루어지기 위해서는 어떡해야 하는
가. 맹자는 사단과 인을 통해서 환대가 이루어지기 위한 마
음의 문제를 이야기했다.


## 환대의 미학

맹자는 환대를 위한 인간 내면의 조건으로 남과 나를 구
별하지 않는 마음, 인을 이야기했다. 인이 이루어지면 예가
실현된다. 예는 인간관계의 문제이다. 겸손과 사양의 마음
으로 타인을 존중하고 배려하는 것, 그렇게 타인을 대하는
것이 예이다. 타인에 대한 환대는 예의 또 다른 모습이다. 그
런데 이러한 환대가 이루어지면 인간관계는 어떻게 되고 세
상은 어떤 모습일까. 공자는 조화로운 인간관계, 곧 대동 사
회를 이야기했다. 맹자의 여민동락도 조화로운 인간관계이
다. 조화가 환대의 미학인 것이다.

조화는 서로 잘 어울리는 것이다. 어울린다는 것은 여럿
이 모여 한 덩어리나 한판이 되는 것이다. 여럿이 모여 한 덩
어리가 되거나 한판이 되려면 사람 사이에 경계를 무너뜨려
야 한다. 경계는 나와 남이 같지 않다는 인식에서 비롯된다.
그러니 나와 남이 다르지 않다는 생각, 사람과 사람을 구별

터 O

하지 않는 사고가 조화를 가져온다.

인간은 공동체로서 함께 살아갈 수밖에 없는 존재이다. 철학은 동서양을 막론하고 여기에 대한 고민을 지속해왔다. 칸트는 영원한 평화를 위한 조항들을 언급하면서 세계시민주의를 논했다. 이방인이 국가를 방문했을 때 적대적인 행위를 하지 않는 이상 환대를 받을 권리가 있다고 했다. 데리다는 국가라는 틀 속에서 조건적인 환대를 주장한 칸트와 달리 무조건적인 환대를 이야기했다. 현대는 국가라는 경계를 넘어 전혀 새로운 방식으로 소통과 교류가 형성되고 있다. 이에 따라 낯선 사람, 이방인이 증가했다. 데리다의 무조건적인 환대는 이런 이방인 개념에 주목한 결과이다. 환대에 관한 맹자의 생각은 칸트하고도 다르고 데리다와도 다르다. 다만 맹자의 이야기가 보편성을 바탕에 두고 있다는 점에서 칸트보다는 데리다에 더 가깝다고 볼 수 있다.

환대와 관련하여 맹자의 가장 핵심적인 주장 중 하나는 사람은 누구나 남의 고통이나 불행을 차마 그냥 지나치지 못하는 마음을 지니고 있다는 것이다. 우물에 빠진 아이를 본 사람은 이해타산을 따지지 않고 반사적으로 아이를 구출하게 되는데, 이것 역시 측은지심이나 양지 良知 처럼 생각하거나 배우지 않고도 타인의 고통에 아파하고 돕고자 하는 마음에서 우러나오는 자연스러운 행동이다. 맹자는 이러한 인간의 타고난 선함과 공감 능력을 불인인지심 不忍人之心 이라하고 이를 통해서 여민동락하는 사회를 만들어나가고자 하였다. 맹자는 타고난 인간의 본성을 중심으로 '나'를 넘어 타인에 대한 배려와 공감을 통해 조화롭게 더불어 살아가는 사회를 꿈꾸었다.

환대는 그 자체로서 배움이다. 환대는 나를 열어 낯선 사람을 나의 공간으로 받아들이는 행위이다. 나의 공간은 집이나 방과 같은 물리적 장소일 수도 있고, 정신적이고 감정적인 나의 내면의 세계일 수도 있다. 물질적 공간이든 정신적 공간이든 타인을 향해 나의 공간을 열어주는 순간 우리는 나도 모르는 새에 많은 것을 배우게 된다. 자신의 세계를 열어 타자를 받아들이는 과정에서 우리는 자신의 한계를 발견하고 그것을 넘어서려는 마음을 지니게 되기 때문이다. 환대 hospitality 의 라틴어 어원인 '호스페스 hospes '가 주인 host 과 손님 guest 이라는 두 가지 의미를 모두 포함하고 있는 이유이다. 진정한 환대의 아름다움은 주인과 손님의 구별이 없어지는 것, 주인이 손님이 되고 손님이 주인이 되는 데에 있다. 환대는 상대를 받아들이고, 나의 것을 내어주는 것에서 시작하여 손님과 내가 하나가 되는 인간관계를 지향한다.

터움

환대는 사람과 사람 사이의 일이다.

환대는 존재의 인정으로부터 출발한다.

나라는 존재가 있으므로 해서 남이 있고

남이 있으므로 해서 내가 있다.

인은 나 아닌 다른 사람의

존재를 인정하는 것이며,

남을 불쌍히 여기는 마음

곧 사랑하는 마음이며, 남과 나를

구별하지 않고 같이 대하는 것이다.

인은 그 자체로서 이미 환대이다.

남과 나를 구별하지 않고 같이 대하는 것,

차마 하지 못하는 마음으로 측은하게

여기는 마음, 인으로서 남을 대한다면

그것이 환대가 아니고 무엇이랴.

# 전진성


부산교대에서 교수직을 맡고 있으며, 서양사학자이다. 독일 지성사와 문화사, 역사이론을 연구하고 있으며 『서독 구조사학』(독어본) 『보수혁명: 독일 지식인들의 허무주의적 이상』 『역사가 기억을 말하다』 『상상의 아테네, 베를린-도쿄-서울』 등 다수의 책을 집필했다. 부산의 인권단체 '이주민과함께'에서 활동하고 있다.

# 역사로의 환대
## '역사 없는 사람들'의
## 역사를 위하여

우리나라의 '성공 신화'는 이미 신성불가침의 영역이 된 지 오래다. 성공적인 산업화에 대해 보수진영이 으쓱해하는 만큼이나 진보진영은 민주화를 성취했음에 자부심을 느낀다. 산업화를 오로지 성공과 실패의 문제로 다루는 것까지는 그렇다 쳐도 민주주의의 성패를 수출 실적과 다를 바 없이 취급하는 것은 참으로 지나치다. 수많은 이들의 피를 먹고 자랐던 민주주의마저 선진국으로 진입하기 위한 일종의 구색 맞추기로 치부하는 발상은 우리를 사로잡고 있는 선입견의 힘을 입증한다. 대한민국의 역사는 오로지 성공한 이들, 좀 더 넓게 잡아보아도 성공에 기여한 이들만의 역사일 뿐 그 쾌속 질주의 궤도로부터 탈락하고 도태된 못난이들은 말끔히 제외된다. 무능력자, 열등생, 방랑객, 좀비, 원혼들을 위한 자리는 어디에도 없다.

역사는 상식적으로 알려진 것처럼 단순히 과거의 사실들을 엮은 이야기가 아니다. 적어도 서양에서 전래된 근대적 의미의 역사란 거센 변화의 흐름에 의해 초래된 과거, 현

재, 미래 사이의 벌어진 틈새를 가로지르는 일종의 타임머신
이다. 온갖 종류의 혁명과 혁신으로 점철된 근대의 현실에서
미래에 대한 기대와 과거의 유산, 주관적 가치와 현실의 객
관적 인식 등은 서로 갈등을 빚는다. 역사는 바로 이러한 갈
등을 자신의 총괄적 체계를 이루는 각각의 계기들로 순치시
킨다. 역사라는 타임머신에 올라탐으로써 미래에 대한 주관
적인 희망은 시간의 머나먼 지평선을 거슬러 올라가 이미 지
나버린 동떨어진 과거에서 가능성을 발견한다. 물론 역사의
선형적 궤도는 현실의 갈등을 완전히 건너뛰지는 못한다. 해
결된 것은 실로 아무것도 없다. 과연 과거를 거울삼아 우리
자신의 소망을 말해도 되는 것일까? 이는 과거를 그저 우리
좋을 대로 이용하는 편법에 불과하지 않은가? 우리의 기억
은 진정으로 옛 사람들이 품었던 기대와 통하고 있을까? 정
녕 이 모든 것이 하나의 궤도를 이루고 있다고 장담할 수 있
는가?

　이러한 타임머신의 끝판왕은 철학자 헤겔 G. W. F. Hegel
의 역사철학이다. 그의 사후 그의 제자와 아들에 의해 편집
되어 1837년에 출간된『역사철학 강의』는 당대의 독일 지식
사회를 주름잡았는데, 세계사 전체를 하나의 선형적 도식에
꿰맞추어 초부과된 절대정신의 자기동일적인 순환 운동으
로 환원함으로써 근대가 제기한 모든 까다로운 문제들을 일
시에 제거해버렸다. 어떠한 여타의 규정성도 필요 없이 오직

자신만이 스스로를 규정하는, 절대적인 자기동일성의 이념인 역사는 인류가 경험한 모든 과거와 현재, 그리고 미래를 상상 속의 법정에 소환하여 판결을 내렸다. 이에 따르면, "세계사는 자유 의식의 진보"로서 오로지 유럽 민족들만이 온전한 국가를 건설하여 참된 "자유"의 획득을 향해 나아간 반면, 자연의 직접성이라는 속박에서 해방되지 못한 채 제대로 된 **유럽식** 국가를 이루지 못한 미성숙한 비서구 민족들은 이러한 세계사의 도정에서 도태되었다. 이른바 "역사 없는 사람들"인 비서구 민족들이 영원한 자연적 순환에 머물지 않기 위해서는 오로지 유럽의 식민통치 권력과 그 정신적 보루인 세계사에 종속되는 대가를 치를 수밖에 없다. 이처럼 인류의 세계사를 유럽 밖 '타자'를 배제함으로써 구축해낸 헤겔의 역사철학이 개념적 차원에서 19세기 유럽 제국주의의 정치적, 경제적 기획을 반영하고 있다는 점은 의심할 여지가 없다.

근대 유럽의 정치적 기획물인 역사의 이념은 각종 문제를 양산해왔다. 특히 그것은 늘 새로움을 재촉함으로써 현재의 경험 공간을 압박하고 요동시킨다. 하나의 현재에서 그 다음 현재로 끊임없이 이어지는 선형적 시간이 지리적 공간을 재편한다. 제반 민족국가의 영토들이 진보의 도상에서 높은 단계로부터 낮은 단계로 정렬된다. 전제정/입헌정, 중세/근대, 봉건주의/자본주의의 이항대립적 발전도식이 지구상의 지역적 구분으로 탈바꿈된다. 인도계 미국 역사가 차크라바르티 Dipesh Chakrabarty 에 따르면, 근대 서구적 의미의 역사는 모든 민족이 제 차례를 기다리는 일종의 "대기실 waiting room"과 다름이 없다. "처음에는 유럽, 그리고는 여타 지역"이라는 지극히 일방적인, 실로 제국주의적인 팽창의 의지를 노골화하는 세계사의 거대 서사가 우리의 현재를 기약 없이 "아직은 not yet"의 상태로 머물게 한다.

이와 같은 일방적인 사고가 비서구권 지식인들로 하여금 스스로의 역사적 정당성을 주장하게 만들었다. 인도 역사가 파르타 차테르지 Partha Chatterjee 는 근대 문명의 창조가 서구만의 업적이라는 발상에 이의를 제기하며 "우리의 모더니티"에 대한 견해를 피력했다. 그에 따르면, "지리, 시간, 환경 혹은 사회적 조건과 무관한 단 하나의 모더니티란 있을 수 없다." 식민지를 지배하는 권력도 "모던"하지만 그것에 대한 저항도 "모던"하다. 19세기의 인도 지식인들은 인도가 근대 영국을 모방하면서 과도한 노동과 생활방식의 급변으로 인해 환경 파괴와 식량 부족, 질병이 만연하게 되었음을 한탄하면서 인도 특유의 대안적 모더니티를 창조해갔다. 심지어 보편적이라 여겨지는 과학 영역에서마저도 인도 민족 특유의 성취를 이루어냈다는 것이다.

이러한 주장에 대해 차크라바르티는 서구적 모더니티의 전 지구적인 영향력을 결코 간과해서는 안 된다고 강조한다. "다음과 같은 개념들, 즉 공민권, 국가, 시민사회, 공공영역,

인권, 법 앞의 평등, 개인, 공사의 구별, 주체의 이념, 민주주의, 인민주권, 사회정의, 과학적 합리성 등등은 모두 유럽의 사상과 역사라는 부채를 지고 있다." 그의 시각으로는 맹목적인 애국심이나 불관용이야말로 모든 차이를 획일화된 틀 속에 가두는 서구 모더니티의 유산일 뿐이다. 한 사회에 대한 판단이 오로지 내부적 기준에 따라 이루어져야만 한다는 생각에 그는 명백히 반대한다. 유럽 중심주의를 피한다는 명분으로 자기 사회에 대한 모든 합리적, 비판적 판단을 포기하는 것은 목욕물을 버리고자 아이까지 내버리는 것과 같다는 것이다. 결국 차크라바르티의 제안은 서구적 모더니티를 벤치마킹하는 대신 "유럽을 지방화"하자는 것이다. 그는 "유럽을 지방화"하는 일이 "'유럽'을 분해함과 동시에 '인도'를 문제화"하는 일이라고 주장한다.

차크라바르티는 근대 문명의 대안을 근대 문명 바깥에서 찾는 것은 무모하다고 본다. 그러나 '대안적 모더니티' 대신 '모더니티의 대안'을 찾는 논의도 있다. 아르헨티나 출신으로 미국에서 활동하는 전방위적 문화이론가 미뇰로 Walter D. Mignolo 는 모더니티의 어두운 이면으로서 '식민성 coloniality ' 개념을 제안한다. "식민성 없이는 모더니티는 존재하지 않으며, 존재할 수도 없다." 서구의 비판적 이론가들이 모더니티의 패러다임 안에서 그것을 비판하거나 해체하는 작업을 벌이는 반면, 미뇰로는 환원 불가능한 "식민지적 차이"를

역사로의 현대 : 역사 없는 사람들의 역사를 위하여

강조함으로써 오래도록 억압되고 은폐되어온 다양한 타자들을 역사의 수면 위로 끌어올리고자 한다. 식민지는 결코 서구 사회의 모조품일 수 없으므로 "보편사라는 서구적 이념이 무수한 사람들로부터 앗아간 존엄성을 회복"시켜야 마땅하다. 미뇰로는 이러한 맥락에서 유럽적 "단일 보편성 univer-sality"에 맞서는 "복수형 보편성 pluriversality"을 제안한다.

이와 같은 착상을 위한 창조적 영감을 샘솟게 한 원천은 아르헨티나 출신으로 멕시코에서 활동하는 철학자 엔리케 두셀 Enrigue Dussel 이다. 흔히 "해방의 철학자"라 불리는 그는 "모더니티가 분명히 유럽적 현상이기는 하지만 비유럽적 타자와의 변증법적 관계 속에서 구성된다"고 주장한다. 타자의 세계를 탐험하고 정복하고 식민화함으로써 자신의 정체성을 얻은 것이 유럽적 모더니티라는 "신화"의 핵심이라는 것이다. 두셀이 모더니티의 구성적 "외부"로서의 "트랜스모더니티 trans-modernity"를 거론하는 것은 바로 이러한 맥락에서이다. 이 새로운 범주는 모더니티와 그로부터 부정된 타자들이 서로의 생산적인 관계를 통해 스스로를 공동 실현하는 과정, 다시 말해 "모더니티가 스스로 성취할 수 없었던 것의 공동 실현"으로서 중심/주변, 남성/여성, 우리 인종/타 인종, 우리 계급/타 계급, 문명/자연, 서구 문화/제3세계 문화 간의 "협력적 연대"를 도모한다.

과연 이 땅에 만연된 단순 무식한 성공담은 '트랜스모던'

한 '복수형 보편성'과 접점을 찾을 수 있는가? 물론 전혀 아니다. 이미 시의성을 잃은 지도 한참인 선형적 역사의 모방일 뿐이다. 지구상에 사는 모든 사람들이 공생하는 혼종적 파트너로서 서로 소통하고 연대하자는 철학자 두셀의 제안과는 너무나 거리가 멀게도 그저 선진국(?) 반열에 들어선 것에 환호성을 지르면서 '성공'하지 못한 시민들과 타 민족을 깔본다. 이는 대안적 모더니티가 아닐뿐더러 모더니티의 대안은 더더욱 아니다. 물론 학계의 사정은 좀 다르다. 국내의 '식민지 근대' 담론은 일제가 한국 근대화의 기틀을 마련해주었다는 식의 조야한 논의를 넘어 근대가 본래적으로 해방과 억압의 측면을 동시에 가진다고 봄으로써 한국현대사를 서구 근대의 변종이나 일탈로 평가절하하지 않는다는 점에서 고무적이지만 여전히 서구적 '근대'라는 개념적 틀 안에서 이루어지는 한국식 '우리의 모더니티' 담론이라고 할 수 있다.

그렇다면 진정으로 이 땅에서 서구적 관념에 고착된 모더니티의 대안을 논할 수 있을까? 시민사회와 국민국가, 공공 영역과 사적 생활의 분리, 인권과 민주주의, 주체의 이념, 민족 정체성, 사회정의, 기술적 합리성 등 근대 문명의 유산을 일정하게 계승하면서도 그것들에 뿌리 깊게 내재한 배제의 논리를 넘어설 수 있는 대안적이면서도 보편적인 이념을 강구할 수 있을까? 아마도 새로운 '인권'의 이념이 출구를 제공할 수 있을 것이다.

1970년대 중반 이래 전 지구적으로 진행되어온 '인권 혁명'은 1789년의 '인간과 시민의 권리 선언'이나 1948년의 '세계인권 선언'과는 사뭇 다르게도 국가권력에 호소하기보다는 오히려 그것에 맞서는 초국적 단위의 시민단체들에 의해, 정치인이나 법률가들보다는 이른바 사회적 주변인, 이방인, 혹은 공공적 폭력의 피해자들에 의해 촉진되어왔다. 흔히 '인권 체제 human rights regime'로 불리는 새로운 글로벌 정치 패러다임의 등장은 모더니티의 논리와는 아주 색다른 발상에서 비롯되었다.

인권이란 인간이라는 사실 외에는 어떠한 권리도 없는 사람들, 정치에 대한 권리 자체를 아예 결여한 사람들이 마지막으로 호소할 수 있는 권리, 다시 말해 소속 여부와는 상관없이 인간이라는 출생의 자격을 공유하는 미지의 타자에게 부여된 권리다. 그것은 기존의 정치가 효력을 잃는 한계점이자 그 한계점을 문제 삼고 넘어서려는 새로운 정치의 출발점이 된다. 정치사상가 한나 아렌트 Hannah Arendt 는 1차 세계대전이 끝나고 유럽에서 국적 박탈자들이 일시에 양산되는 유례없는 현상을 목도하면서 법 테두리의 바깥에 존재하는 인간들을 통해 비로소 인권이란 오로지 공동체에 소속될 권리, 즉 "권리를 가질 권리 the right to have rights "라는 점이 분명해졌다고 주장했다. 그의 설명에 따르면, 권리를 상실한 사람들이 겪는 곤경은 "그들이 법 앞에서 평등하지가 않아서가 아니라 그들을 위한 어떤 법도 존재하지 않기 때문이고, 그들이 탄압을 받아서가 아니라 아무도 그들을 탄압하려 하지 않는다는 데 있다." 20세기 말엽에 등장한 새로운 인권 개념은 이와는 달리 오히려 '권리를 상실한 사람들의 권리', 말 그대로 '인간 모두의 권리'이다. 그것은 국민의 '주권'과 별로 구분이 안 되던 전통적 '인권' 개념으로부터 탈피한 권리이다. 작금의 국내외 정치 현실이 보여주듯이, 국민의 늘 오락가락하는 요구와 잦은 정치적 배반은 국민의 명령을 마치 십계명처럼 절대시 하는 국민국가라는 기성의 정치체제에 대해 재고하게 만든다. 국민의 주권 sovereignty 및 이에 기초한 시민권 civil rights 과는 달리 인권 human rights 은 다수 국민의 권리이기보다는 오히려 국민으로부터 보호되어야 할 소수자, 약자, 이방인의 권리이다. 그것은 법질서 '외부'에서 서성이는 이질적인 타자의 목소리에 귀 기울이는 환대의 몸짓이다.

인권은 '국민 주권' 원리의 기저에 깔려 있는 주체적 개인이라는 발상에 맞서 취약한 개인이라는 새로운 발상을 제시한다. 인간의 행복은 다양한 모습을 띨 수 있지만, 적어도 비참함만큼은 공통적이다. 인간이 불완전한 신체를 지닌 유한한 존재인 한, 우리의 생명을 앗아갈 모든 종류의 재난으로부터 우리는 모두 취약하기 이를 데 없다. 이러한 관점은 도덕적 상대주의를 불가능하게 만든다. 국민국가가 부여하는 시민권이 주로 정상적 신체를 지닌 개인을 가정하고 있다면 인권은 근본적으로 취약한 인간을 전제로 삼기에 우리와 똑같이 불완전한 타자들에 대한 관심과 배려 그리고 공감을 가능하게 한다.

이러한 의미의 '인간 **모두**의 권리'에는 마땅히 역사의 권리도 포함된다. 역사가 국민국가의 기억과 자기정체성의 회로 안에 폐쇄되는 한, 국민, 시민, 여성, 노동자, 민중, 혹은 코즈모폴리턴 등과 같은 역사의 '주체'들에게 부여된 어떠한 집단 정체성도 갖지 못한 여분의 존재들은 그야말로 '역사 없는 사람들'로 머물 수밖에 없다. 과연 국민의 기억으로 소환될 수 없는 여분의 영역, 즉 침묵과 소외감, 불신, 원한 등은 함부로 무시해도 좋은가? 5·18의 전남도청에 모여들었던 이들이 모두 진보적인 대학생들과 목적의식이 뚜렷한 이른바 민주투사들만은 아니었을 것이다. 광주 무등산에서 가건물을 짓고 살다가 철거반원들을 살해하여 "무등산 타잔"이라는 별명을 얻은 박흥숙에 버금갈만한 도시 하층민, 미성년자와 소년범, 빈곤층 여성, 노동자와 빈민들도 적지 않았을 것이다. 저마다의 힘겨운 삶 속에서 갖은 개인적 울분과 공분, 그리고 정의감이 자연스레 분출되었을 것이다. 학교에서 배우는 공인된 역사가 아니라 그런 수미일관한 이야기가 멈추는 공백의 지점, 그 막다른 골목에서 돌연 역사의 빗장을 활짝 열고 미지의 타자가 펼치는 파란만장하고 생경한 이야기에 귀 기울여보고 싶지 않은가.

인권이란 인간이라는 사실 외에는
어떠한 권리도 없는 사람들,
정치에 대한 권리 자체를
아예 결여한 사람들이
마지막으로 호소할 수 있는 권리,
다시 말해 소속 여부와는 상관없이
인간이라는 출생의 자격을 공유하는
미지의 타자에게 부여된 권리다.
다수 국민의 권리이기보다는
오히려 국민으로부터 보호되어야 할
소수자, 약자, 이방인의 권리이다.
그것은 법질서 '외부'에서 서성이는
이질적인 타자의 목소리에
귀 기울이는 환대의 몸짓이다.

# 김만권

경희대 학술연구교수다. 참여사회연구소 소장을 맡고 있다. 뉴욕 뉴
스쿨 정치학과에서 정치이론 및 법철학을 전공했다. 『열심히 일하지
않아도 괜찮아』『김만권의 정치에 반하다』『호모 저스티스』등 다수
의 책을 썼다.

# 환대의 정치
# 메르켈

## 삶의 터전을 잃은 사람들

1970년대 말, 인류는 이전에는 없었던 소위 '위대한' 창조를 시작했다. 바로 '지구적 시장' global market 을 짓기 시작했던 것이다. 1776년 아담 스미스가 『국부론』에 써 놓은 한 구절, '시장은 크면 클수록 효과적으로 작동한다'는 간단명료한 원칙을 구현하는 프로젝트가 실제로 가동된 것이다. 이후 인류는 세계무역기구, 국제통화기금, 세계은행이란 국제기구의 관리 속에, 국가의 상이한 경제 맥락에 상관없이 똑같은 시장 원칙을 부여하고 국가의 보호 대신 '내 인생은 내가 책임진다'는 자기 책임의 윤리를 전파하며 새로운 질서를 지었다.

하지만 지그문트 바우만이 지적하듯 모든 위대한 창조는 찌꺼기를 남긴다. 새로운 창조의 과정은 늘 쓸모 있는 것과 쓸모없는 것을 구분하고, 쓸모없는 것으로 분류된 것들을 폐기 처리한다. 이렇게 '잉여'로 분류된 자들은 '자기 책임의 윤리' 속에 국가의 도움 없이 그 폐기 과정을 스스로 견뎌내야 한다. 그러다 보니 누구나 쓸모 있는 인간이 되기 위해 최선을 다한다. 지구화 시대에 수많은 사람이 자기가 살던 땅을 떠나 다른 곳으로 이주하는 중요한 이유다. 2020년 기준으로 이런 이주노동자의 수가 1억 6천4백만 명에 이른다.

이와 함께 냉전질서가 붕괴된 이후, 지구의 곳곳에서 그치지 않고 있는 크고 작은 전쟁과 분쟁 속에 수많은 이들이 자신이 살던 터전 그 자체를 잃고 고국을 떠나야 하는 난민이 된 경우도 늘고 있다. 유엔난민기구 UNHCR 의 통계를 보면 난민의 수는 2021년 6월 기준으로 2천6백만 명에 이르고 있다. 올해 일어난 우크라이나 사태로 인해 생겨난 4백만 명에 이르는 난민의 수는 아직 공식 통계에 포함되어 있지도 않다. 이주노동자가 아니라 난민의 처지로 낯선 땅에 거주하고 있는 이들이 거의 3천만 명에 이르는 상황이다.


## 환영받지 못하는 이주자와 난민들

문제는 이주자들과 난민들이 낯선 땅에 도착했을 때, 대체로 환영받지 못한다는 데 있다. 그 결정적 이유는 지구적 시장 때문이다. 지구적 시장은 세계의 노동시장을 하나로 묶는 데 성공했다. 다시 말해 과거 영토 안에 갇혀 있던 노동이 초국경적인 것이 되어버린 것이다. 그러다 보니 경제가 발전한 탈산업사회의 비숙련 노동자들은 다른 영토의 더 값싼 노동력으로 대체되었고, 그렇게 직업을 잃은 비숙련 노동자들은 실업의 상태에 놓이거나 더 열악한 노동을 하는 처지로

타인

전락해버렸다. 이들의 눈에 밀려드는 이주노동자와 난민의 유입은 당연히 위협적인 것으로 보일 수밖에 없다. 결국엔 노동시장에서 경쟁해야 할 이들이기 때문이다.

문제는 여기서 그치지 않는다. 이렇게 처지가 열악해진 노동자들의 처지를 이용하는 정치꾼들이 어디에나 있기 때문이다. 도널드 트럼프가 대표적 사례다. 트럼프는 멕시코를 통해 유입되는 남미의 난민과 불법 이주노동자들을 차단하겠다는 이유로 미국과 멕시코 국경에 3,145km에 달하는 거대한 장벽을 세우겠다고 공약했다. 실제로 자신의 임기 동안 150억 달러 **17조원** 를 들여 729km에 이르는 장벽을 건설했다. 브렉시트도 마찬가지였다. 영국인들은 '일자리 및 주택 문제 등이 이주노동자들 때문에 생겨났다'는 이유를 대며 유럽연합에서 탈퇴하는데 찬성했다. 모두 이주자와 난민이 우리 일자리와 삶의 터전을 빼앗아 갈 것이란 공포를 이용한 정치 마케팅에서 비롯된 일이다. 이 공포를 이용한 정치 동원은 너무나 효과적이어서 지구적 차원에서 '포퓰리즘' 열풍이 이는데 주요한 수단으로 쓰였다.

이는 우리나라 역시 마찬가지라 할 수 있다. 2022년 발간된 「'혐오의 정치학'에 대한 인문학적 이해와 해법」에 보면, 우리나라의 이주민 혐오는 "신자유주의적 질서 속에 만들어진 이주민들을 능력과 무관하게 다른 나라에서 혜택을 누리는 '기회주의적 무임승차자'로 환원하고 국내에서 생거나는 사회경제적 불안을 이주민을 공격함으로써 해결책으로 삼는" 방식으로 이루어진다. 가장 대표적인 사례가 의료보험 먹튀 사건이다. 대통령 후보 지금은 대통령 당선자 까지 나서 이주민들이 무임승차자가 되어 우리 의료보험체계를 갉아먹고 있다 비난했다. 하지만 현실은 정반대다. 실제 2017년부터 2020년까지 4년 동안 외국인 의료보험은 1조 4천9십5억 원이란 막대한 흑자를 냈다.

더하여 이 보고서는 우리나라에선 다른 국가에서 나타나는 현상과 마찬가지로 "'불법' 이민자라는 이미지를 활용하여 이주민을 잠재적 범죄자로 취급하고 동시에 이민자 자녀들을 사회 부적응자로 취급하는 경향이 있을 뿐만 아니라 이들이 국내 치안과 안전, 나아가 국가안보에 해롭다는 담론을 만드는 경향"이 있다고 지적한다. 이렇게 이주민을 잠재적 범죄자로 취급하는 현상은 난민에게까지 이어지는데 가장 대표적 사례가 2018년 제주도에 예멘 난민이 도착했을 때 동원되었던 반대 논리들이다. 예멘 난민들 대다수가 이슬람 남성이라는 이유로 잠재적 범죄자로 취급되었다. 하지만 이후 4년 동안 예멘 난민이 일으킨 문제는 거의 없다.


## 칸트, 환대를 말하다

1795년 임마뉴엘 칸트가 『영구평화론』을 내놓았다. 칸트는 이 지구상에서 벌어지고 있는 전쟁이란 악을 끝내고 인류가 평화로운 삶을 어떻게 살 것인지에 대한 이성적 해결책을 제시했다. 이 해결책에서 우리의 눈을 사로잡는 방안이 있다. "이방인이 타지 사람의 땅에 도착했다는 이유로 타지 사람에게 적대적으로 취급받지 않아야 한다." 낯선 땅에 도착한 이들이 그 땅에 이미 거주하고 있는 이들로부터 적대적으로 취급받지 않고 안전하게 머물다 떠날 수 있어야만 한다는 것으로, 이런 권리와 이런 권리에 상응하는 태도야말로 영구평화의 기초가 될 것이라고 언급한다. 칸트는 이런 권리를 '환대 hospitality'라고 부른다. 18세기부터 본격적으로 형성되기 시작한 민족국가의 영토 권리를 인정하면서도 인류의 구성원으로서 개개인에게 안전을 보장하는 권리를 제공한 것이다.

이러한 환대가 우리의 삶에서 얼마나 중요한 것인지를 말한 철학자는 칸트뿐만 아니다. 프리드리히 니체 역시 이런 낯선 이들에 대한 환대야말로 "너무나 풍요로운 영혼"의 표현으로 보았다. 우리의 영혼이 진정 풍요롭다면 누군가를 낯설다는 이유로, 떠돌고 있다는 이유로 거부하지 않을 것이라 말한다. 오히려 그 존재를 환영할 것이라 본다. 생각해보면 우리의 '아름다움'에 대한 평가는 니체의 환대의 개념과 정확히 상응한다. 우리는, 비슷비슷해 보이는 것들을 여간해서는 아름답다고 표현하지 않는다. 같은 것이라도 달리 표현해야

'아름답다'고 말한다. 이렇게 보면 아름다움은 '낯설게 하기'와 연결되어 있다. 그런데 우리는 왜 낯선 인간에 대해서는 두려움을 느끼고 공포를 느끼는 것일까? 그 이유는 낯선 이들에 대한 빈약한 정보, 잘못된 정보 때문이다. 그 빈약한 정보, 잘못된 정보가 만드는 편견에 근거해 낯선 이들이 누구인지 제대로 모르면서 그들이 누구인지 아는 일조차 거부하는 것이다.

우리가 진정으로 그들을 알고자 한다면, 낯선 존재와 화해할 수 있다. 그리고 결국엔 니체의 말처럼 "결국 우리는 언제나 낯선 것에 대한 우리의 선의와 인내심과 공평함과 온유함에 대한 보상을 받게 된다." 노벨경제학상 수상자인 아비지트 배너지와 에스테르 뒤플로가 『힘든 시대를 위한 좋은 경제학』2019 에서 강조하듯, 실제 다양한 연구들이 이주민과 난민이 도착하면 그 나라의 경제가 나아지고, 국내 노동자들의 지위가 오히려 더 향상된다는 결과를 보여주고 있다. 낯선 이들에 대한 환대가 니체의 말처럼 결국엔 보상을 받고 있다는 게다.

철학자 한병철은 『타자의 추방』에서 이런 칸트와 니체의 발상에 근거해 이렇게 말한다.

"아름다움의 정치는 환대의 정치다. 이방인에 대한 적대성은 증오이며 추하다. 이 적대성은 보편적 이성의 결여를, 사회가 여전히 화해되지 않은 상태에 있음을 보여주는 징후

타인

다. 한 사회의 문명화 정도를 보여주는 척도는 바로 이 사회
의 환대, 나아가 친절함이다."

## 메르켈이 보여준
## '과학적' 환대의 정치

낯선 이들에 대한 우리의 환대 정도를 보여주는 지표가
있다. 2018년을 기준으로 우리나라의 난민 인정률은 0.9%
에 불과하다. 100명이 신청하면 채 한 명이 난민의 지위를
얻지 못했다. 1994년 이후 전체 난민 신청자를 대상으로 봐
도 난민 인정률은 3.9%밖에 안 되며, 인도적 체류자까지 포
함하는 난민 보호율을 봐도 12.3%에 불과하다. 세계 190개
국의 전체 난민 인정률이 30%이고 난민 보호율이 44%인 것
은 보면, 우리나라의 난민 수용은 인색하다는 표현으로도 적
절하지 않다. 이 정도면 사실상 적대적이라 봐도 무방하다.
실제 2021년 아프간에서 난민을 수용할 때도 난민이라는 지
위 대신 '특별기여자'의 범주로 분류해 데려와야 했다. 난민
을 난민으로조차 부르지 못한 경우다.

2015년 유럽은 시리아 사태와 리비아가 사실상 무정부
상태가 되며 유럽으로 이동이 가능해진 사하라 남쪽 빈국에
서 오는 수많은 이들로 인해 심각한 난민 위기를 겪었다. 독
일도 마찬가지였다. 2012년 독일 영토에 도착한 난민은 7만

7천 명이었는데, 2015년에는 47만 5천 명이 됐다. 누가 보아도 엄청난 증가였다. 그러다 보니 유럽의 지도자들이 민감해졌다. 영국의 데이비드 캐머런 총리는 난민들을 벌떼라고 쏘아붙였고, 헝가리의 빅토리 오르반 총리는 '당신들은 우리 일자리를 차지할 수 없다'는 옥외광고판까지 세웠다. 특히 헝가리처럼 난민에게 적대적인 곳에선 짐승보다 못한 취급을 받는 일이 일어났다.

2015년 8월, 평소 신중하기로 소문난 독일의 총리 메르켈이 과감한 정책 변화를 선언했다. "독일은 난민을 외면하지 않을 겁니다." 난민들은 당연히 최대한 경제 상황이 좋은 국가로 이동하려 한다. 그렇다 보니 독일은 난민들이 가장 가고 싶어 하는 국가 중 하나다. 그런 상황에서 난민들을 외면하지 않겠다는 선언은, 국내 저항을 감당해야 할 국가 지도자로선 정말 하기 어려운 일이었다. 더하여 유럽연합을 이끄는 국가의 수장으로서 메르켈의 발언은 유럽연합의 정책에까지 영향을 미칠 수 있기에 더 어려운 일이었다. 그런데 지독한 합의주의자로 유명한 메르켈이 동맹국과도 논의하지 않은 채 이런 선언을 해버린 것이다.

그 선언과 함께 독일은 1백만 명의 난민을 받아들였다. 당연히 독일 문명 자체를 위기에 빠뜨렸다는 비난이 잇달았다. 메르켈은 그 비난을 피하려 하지 않았다. 오히려 '통일 이후 우리가 맞고 있는 가장 큰 도전'이라고 표현했다. 하지

타인

만 그 도전을 감당한 건 메르켈만이 아니었다. 난민 수용에 대한 엄청난 반대 속에서도, 뮌헨 역에 난민들이 도착할 때마다 수많은 시민이 나와 그들을 맞는 놀라운 일이 일어났다. '독일에 오신 걸 환영합니다.' 라는 메시지와 함께 시민들은 따뜻한 음료, 꽃, 공동숙소를 스스로 제공했다. 뮌헨의 시민들이 보여준 환대는 독일의 다른 도시의 시민들에게도 퍼져나갔다. 독일 시민들이 스스로 놀랄 정도였다. 6백만-7백만 명으로 추산되는 독일 시민들이 메르켈을 도왔다.

그렇다고 메르켈이 보여준 환대의 정치가 오로지 인류애에 기반한 것은 아니었다. 과학자였던 '메르켈'은 정확한 데이터를 손에 쥐고 있었다. 당시 독일은 출산율이 감소하고 인구가 고령화되는 상황이 문제가 되고 있었다. 국민평균연령은 지속적으로 높아지고 경제활동인구는 급격히 감소하는 상황이었다. 결정적으로 노동력이 부족했다. 이런 상황에선 노령연금 등을 유지할 수 없다는 과학적 판단이 이미 서 있었다. 난민 수용은 독일 경제의 미래를 위한 자구책이기도 했다. 여러모로 독일과 상황이 비슷한 우리 역시 참고할만한 사례다.

2015년 난민을 수용한 이후 메르켈은 지속적인 공격을 받았다. 그렇지만 메르켈은 단 한 번도 후회하지 않았다. 메르켈의 환대는 인류애뿐만 아니라 과학적인 근거를 두고 행한 독일의 미래를 위한 선택이었다. 메르켈과 7백만 명에 이

르는 독일 시민의 선택이 당장은 비난받을지 모르지만, 시간
이 지나면 이들의 선택이 옳았다는 것이 증명될 것이다. 니
체의 말처럼, "우리의 선의와 인내심과 공평함과 온유함에
대한 보상을 받게" 될 시기가 곧 도래할 것이다.

ⓒ구글(크리에이티브 커먼즈 라이선스)

과학자였던 '메르켈'은
정확한 데이터를 손에 쥐고 있었다.
당시 독일은 출산율이 감소하고
인구가 고령화되는 상황이
문제가 되고 있었다.
결정적으로 노동력이 부족했다.
이런 상황에선 노령연금 등을
유지할 수 없다는 과학적 판단이
이미 서 있었다.
난민 수용은 독일 경제의 미래를 위한
자구책이기도 했다.
여러모로 독일과 상황이 비슷한
우리 역시 참고할만한 사례다.

# 류영진

부산대학교 사회학과와 동 대학원에서 석사를 마치고 일본 후쿠오카 대학에서 경제학 박사학위를 받았다. 현재는 일본 규슈산업대학 경제학부 교수로 재직하고 있다. 주 전공분야는 문화경제학으로 일상부터 예술에 이르기까지 다양한 문화적인 요소들이 경제에 어떻게 영향을 미치는가에 지속적인 관심을 가지고 연구활동을 이어오고 있다.

# 일본의 환대
## 수용과 거절의 딜레마

2013년 9월 8일. 2020년 도쿄올림픽의 개최가 결정되었다. 실제로 올림픽은 COVID-19의 영향으로 안타깝게도 2021년에 개최되었지만, 당시의 환희는 일본 전역을 휩쓸만큼 대단하였다. 특히 당시 IOC총회에서의 일본의 프레젠테이션이 큰 화제가 되었다. 이유는 발표자로 나선 타키가와 크리스텔 滝川クリステル 이 일본을 어필하는 과정에서 남긴 한마디 때문이었다.

"오.모.테.나.시. 오모테나시(お·も·て·な·し、おもてなし)."

한 음절 한 음절 또박또박 말한 후 가지런히 손을 모으며 꺼낸 이 단어는 줄곧 프랑스어로 진행되던 프레젠테이션에서 유일하게 일본어로 된 말이었다. 올림픽 유치를 위하여 일본을 어필하는 자리에서 일본다움의 상징적인 키워드로서 선택된 단어가 바로 오모테나시였다. 오모테나시를 군이 번역하자면 환대, 접대, 대접, 향응 등에 가장 가깝다. 하지만 당시의 프레젠테이션에서도 이 부분만은 프랑스어로 따로 번역되지 않았다. 이 단어는 실제로 영어로도 hospitality

등 유사 단어는 있어도 일치하는 단어는 없다. 즉 흔히 우리가 말하고 이해하는 환대와는 다른 일본만의 환대를 잘 상징하는 단어가 바로 '오모테나시'인 것이다.

그렇다면 무엇이 오모테나시를 일본만의 환대로 만들어주는 것일까?


## 두려움과 친절함의
## 양의성 兩意性 으로서의 오모테나시

사회학자 타키모토 유키토 瀧本往人 는 일본인들의 환대에 대하여 "공동적 환상의 빙의"라고 표현한다. 일본의 공동체 사회가 공유하고 있는 타인에 대한 환상이 반영된 것이라는 의미이다. 타키모토는 일본의 고전 문헌과 신화들을 다양하게 검토한 후, 일본의 공동체 속에서는 전통적으로 타자가 직접적으로 등장한 적이 거의 없다는 점을 지적한다. 다른 세계로부터 방문하거나, 또 내부로부터 외부에 방문을 청하는 이도 특별히 존재하지 않았다는 것이다. 일본에게 있어서 타자라는 개념은 먼 곳에 존재하며 오늘날 우리들이 느끼는 만큼 다이내믹하고 현장감 있는 개념이 아니다. 타인을 받아들인다는 관념과 이를 고찰할 기회가 역사적 경험 또는 공동체의 공통 관념으로서 거의 관찰되지 않는다는 점이 서양문화와는 다른 점이라고 보고 있다. 유럽의 경우 다양한 국가들이 서로 국경을 접하고 있었으며 외교적 이동도 빈번하였고 동시에 지리적 특성으로 유목민적 이동도 자주 관찰되었다.

초청하여 받아들이는 타인에 대한 관념이 부재하는 상황에서 환대라는 행위는 그 근원에 공포심이 존재할 수밖에 없다. 히말라야 산맥에는 '마눌 Manul'이라는 동물이 있다. 이 마눌을 내일 자신의 집에 들인다고 가정해보자. 전혀 본 적도 상상도 해본 적 없는 짐승을 받아들일 때 우리는 당연히 먼저 두려움을 느낀다. 특히 저 멀리 히말라야 산맥의 척박한 환경에서 살아가는 모습을 상상해보며, 이름 자체도 무언가 험악할 것 같기에 두려움은 더욱 증폭될 것이다. 타키모토는 이를 "외포 畏怖 의 감정"이라고 부른다. 이럴 때 우리는 마눌에게 어떤 식으로 대응하게 될까? 아마 우선 밝은 표정으로 생글생글 웃으며 최대한 마눌에게 풍부하게 먹이를 주고 잠자리를 편히 봐주며 마눌을 자극하지 않고자 할 것이며, 더하여 자신에게 마음이 기울어 호의를 가지도록 마음을 쓸 것이다. 참고로 마눌은 그다지 공포스러운 동물이 아니다. 오히려 귀엽기까지 하다. 특정 대상에 대한 관념이 없다는 것은 이렇듯 감정적이고 무제한적인 상상으로 이어질 수 있다.

이러한 상황에서 환대는 피해를 최소한으로 하고 이익의 최대화를 달성하기 위한 과잉 대접의 형태로 드러나게 된다. 즉 타자는 반드시 환대해야만 하는 대상이 되고 그렇지 않을 경우 생명이나 재산, 가족, 공동체, 국가의 존망에 영향을 미칠 것이라고 생각하였음을 알 수 있다. 스스로가 실제로 타자를 마주하는 경우 외포의 감정이 존재하는 한 공포심은 언제나 선행하여 찾아오게 된다. 즉, 우정이나 사랑, 존경, 단순한 친밀함의 형성마저 타자가 대상이라면 그 순서상 우선적으로 공포를 느낄 수밖에 없다.

이러한 타키모토의 고찰을 받아들이면, 일본인의 환대에 있어서 타자는 자주적이고 적극적으로 받아들여지는 것이 아닌 어쩔 수 없이 불가피하게 받아들여야 하는 것이 된다. 이로 인하여 환대는 기꺼이 적극적으로 이루어지는 것이 아닌 곤혹스럽고 주저주저하며 이루어지는 것이 되며, 공포의 선행으로 인하여 필연적 결과로서 '환영하는 긍정적인 사인 sign'과 동시에 '경계심'이 함께 존재하는 '양의성'을 획득하게 되는 것이다. 환대는 결코 미덕이나 숭고한 개념이 아니고 타자에의 공포심이라는 생생한 현실이 환대의 근저에 있으며 공동체가 생성한 오래된 관습이고 규정이며 일상 실천이다.


## 혼네 本音 와 타테마에 建前

일본 문화에서 환대를 한 발 떨어져 하나의 복합적 문화라는 측면에서 살펴보기 위하여 잠시 혼네와 타테마에라는 개념에 대해 이야기해보고자 한다. 이 개념은 일본 문화의

타인

가장 대표적인 개념이기도 하다.

혼네는 한자로 '本音'라고 표기한다. '본래의 소리'라는 의미이다. 타테마에는 '建前'라고 쓰는데 '앞에 만들어 내세워 둔 것', '내 앞에 쌓아올려 둔 것'이라는 의미이다. 혼네는 개인이나 집단 내에서 아무런 포장이나 꾸밈, 허위나 예의 등을 걷어낸 온전한 본래의 마음이다. 우리가 흔히 말하는 진심이라고 할 수 있다. 타테마에는 이러한 혼네를 겉으로 드러내지 않기 위해 가져오는 장벽. 묘사하자면 인형 옷을 뒤집어쓴 사람 같은 것이다. 테마파크를 방문한 이들을 향하여 인형 옷을 입은 연기자는 밝고 명랑하게 춤추고 손을 흔들지만 사실 그 옷 속에 있는 사람은 물밀듯 몰려드는 손님들이 그저 원망스러울지도 모른다. 이때 땀에 푹 절어 한숨 섞인 원망을 내뱉고 있는 인형 옷 속의 자신이 혼네이고, 화려한 색감과 부드러운 촉감에 언제나 활짝 웃으며 상냥히 손을 흔드는 모습의 인형 옷으로 표현되는 행위가 타테마에 이다.

일본인들의 일상 속 대부분의 소통은 타테마에와 타테마에의 만남이다. 예를 들어 어떤 부탁을 하였을 때 상대방이 "검토하겠습니다"라고 답하였다면, 이는 한번 생각해보겠다는 의미이지 정말 검토를 하겠다는 의미가 아니다. "상사와 상담해보겠다"라고 답하였다면 "그건 무리입니다"라는 의미이다. 당신이 하는 부탁은 어려운 부탁이라서 상사에게 말하면 분명 무리라고 거절당할 것이니 그렇게 알아달라는 의미가 들어있다. "다음에 놀러 오면 우리 집에서 묵고 가요" 라고 말한다고 정말 다음에 그 집을 찾아가면 안 된다. 심지어 "화나지 않았어요"라는 말은 "화났어요"라는 말과 같다. 지금 이 글을 읽는 독자들은 이게 무슨 소리인가 싶을지 모른다. 말하는 것과 본심이 일치하지 않는 이러한 상황은 단순히 거짓말로밖에 들리지 않는다.

하지만 이건 일본 문화에 있어서 상대를 괴롭히기 위한 말장난이 아닌 오히려 일상적 수준의 배려이자 관계 유지를 위한 노력이다. 왜 그럴까? 타테마에는 바로 사회가 개인에게 요구하는 대답이기 때문이다. 비즈니스 관계, 연인이나 친구 사이, 선생님과 학생. 어떤 관계에서 한쪽이 다른 한쪽에게 특정 상황 속에서 주고받는 소통에는 가장 이상적이며 적절하다고 사회에서 요구되는 부분이 있다. 타테마에는 바로 그 모범적인 답안을 상징한다. 직접적으로 거절의 의사나 비판적 의견을 밝히는 것은 상대에게 상처를 줄 수 있다. 그러니 결론적으로 거절로 이어질 수 있는 가능성을 열어둔 가장 완곡하고 친절한 표현을 가져와 상대를 배려한다.


## 타테마에로서의 환대

이제 다시 환대의 이야기로 돌아와 보자.

타키모토가 고찰하였듯이 일본의 환대는 타인에 대한 외포라는 감정이 기저에 흐르고 있다. 환대는 외포로부터 기인하는 리스크와 감정적 불안을 최소화하기 위한 수단이다. 외포의 대상을 자신들이 통제 가능하고 예측 가능한 수준 내로 끌어들여 대응하기 위한 의례로서 환대가 드러난다. 외포의 대상을 통제하기 위한 최대한의 호의가 바로 환대이다.

이러한 타키모토의 고찰을 받아들이게 된다면 일본 문화상에서의 환대는 방문과 초대에 대한 경험의 부족으로 인해 발생하는 대상에 대한 두려움과, 대상 그 자체를 통제하기 위한 의례이자 형식이라고 이해할 수 있다. 그렇기에 환대는 과잉되게 이루어지고 또한 아주 세심하게 이루어진다. 하지만 본질적으로 형식으로서 드러나는 환대는 그 행위가 내면의 두려움의 감정, 즉 외포의 감정과 상반된다는 모순에 놓여있다. 하지만 언뜻 모순처럼 보이는 이 상황은 타테마에와 혼네라는 구조 속에서 해결되어 버린다.

혼네는 상대가 두렵고 거리껴지고 싫다고 하더라도, 겉으로 드러나는 타테마에는 대상이 그러한 혼네를 알지 못하도록 자극하지 않는 최대한의 호의와 배려로서 나타난다. 이로 인하여 감정과 형식의 모순으로 인한 내면의 갈등은 완화되고 오히려 사회가 요구하는 도덕을 적절하게 달성하였다는 정당성을 획득하게 된다. 타테마에는 사회적으로 바람직한 대답이기 때문이다. 일본 문화에서 타테마에는 대상을 상처 입히지 않고 동시에 자신도 상처받지 않는 일상의 방편이며 체득하여야 할 능력이 되고, 삶이 이어져 갈수록 하나의 '집단 무의식'으로서 자리를 잡았고 지금도 이어지고 있다. 그리고 그 속에서 타테마에는 감춰야만 하는 혼네와 달리 직접적인 '미덕', '스킬', '윤리'로서의 위치를 획득하여 더욱 중시되고 심화되며, 발전해간다.

## 다도에서 드러나는
## 환대의 형식 타테마에 에 대한 집착

예를 하나 들어보자. 일본에서 환대를 말할 때 빠뜨릴 수 없는 또 하나가 바로 다도 茶道 이다. 손님에게 차를 내고 대접하는 다도는 일본 문화 중에서도 가장 전통적이고 대표적인 환대의 의례라고 할 수 있다. 이 다도로부터 유래한 개념 중 하나가 바로 일기일회 一期一会 이다. 이 말은 문자 그대로 "지금 만나는 이는 일생에 한 번뿐이다"라는 것이다. 그렇기에 상대를 소중히 대해야 한다는 의미이다.

차와 다과를 내어 대접하는 일련의 과정을 하나의 작법 作法 으로 형상화한 일본의 다도는 앉는 자세, 찻숟가락과 국자, 차의 거름망을 씻고 움직이는 방식, 찻잔을 자기 쪽으로 가져오고 돌리고 입에 가져다 대는 방식, 과자를 손에 쥐는 법, 다 마셨음을 알리는 소리를 내는 방법까지 모든 것이 규

타인

칙과 패턴으로 규정되어 있고 물 흐르듯 흘러가야만 한다. 이 과정에 흔들림이 있다면 그것은 일기일회의 마인드에 홈이 생기는 것이며 즉 상대에 대하여 실례, 결례를 하는 것과 같다. 숨소리마저 들릴 것 같은 고요한 분위기 속에서 착착 순서에 따라 진행되는 다도를 보고 있으면, 꼭 이렇게까지 차를 마셔야 할까 하는 생각이 들 정도이다. 다도는 일본 문화의 환대, 즉 오모테나시가 보여주는 형식성에 대한 비중과 고집을 잘 보여준다.

비교문화학자 나카가와 노부코 中川伸子 는 자신의 논문 「호스피탈리티의 기원」에서 일본인들의 다도에 대하여 다음과 같이 설명한다.

"타자의 시선을 의식하면서 동시에 그 시선을 궁구하는 일본인들의 환대 형식은 신체를 통하여 최종적으로 정신적인 충실함에 도달하게 된다. 그로 인하여 신체성을 획득한 형식은 다듬고 제련하여야 할 퍼스낼리티가 되고, 그것은 윤리적 측면을 함께 지니게 된다. 일상에서 무의식적으로 행하는 습관이 그 사람을 결정하게 될 가능성이 커진다."

다도에서 보이듯 일본인들의 환대는 세심한 형식과 이에 대한 철저한 신체적 실현을 통하여 평가된다. 일기일회라는 마인드는 그 형식을 얼마나 치밀하고 진지하게 그리고 완벽하게 실행하였느냐를 통하여 타인들에게 인정받게 되는 것이다. 환대는 환영한다는 '진심'의 깊이보다 진심을 투사하는 '형식'으로서 평가되고 더 나아가 형식이 진심을 대체하게 된다.


## 언제나 고찰의 귀결은
## 우리 자신을 바라보는 것이 되어야 한다.

지금까지 설명한 내용에 비추어 일본의 환대를 고찰해보면 한편으로는 일본의 환대가 안쓰럽게 보일 수도 있고, 또는 양의적 측면에 대하여 거부감이 들 수도 있다. 하지만 한 나라의 문화적 고찰을 통해 그 경향성을 어느 정도 이야기할 수 있을지는 몰라도 짧은 글로 그 심층을 모두 들여다보는 것은 사실 불가능하다. 중요한 것은 우리들이 일본의 환대라는 문화적 파편을 집어 들어 거기에 우리를 비추어보았을 때 어떠한가라는 점이다. 그게 훨씬 더 생산적인 논의이다. 혹시 지금 이 글을 읽으면서 한국 사회는 솔직함이 최우선인데! 라며 역시 일본은 속이 시커멓다며 고개를 절레절레 흔들고 있을지도 모르겠다. 과연 어떨까?

사회학자 어빙 고프만은 우리들의 일상을 연극에 비유하여 깊은 수준의 고찰을 보여준 바 있다. 어빙 고프만은 모든 사회 구성원들은 가면을 쓰고 상대를 마주하는 무대의 전

면과 그 가면을 벗고 자신을 드러내는 무대의 뒷면을 가지고 있다고 설명한다. 그렇다. 사실 어느 사회에나 인간은 타인과의 관계 속에서 자신을 숨기는 가면을 쓰고 전략적으로 행동한다. 어쩌면 일본은 어빙 고프만이 고찰한 사회적 구조가 더욱 사회적 규범으로서 정착된 사례이며, 다른 아시아 국가들과는 다르게 '타테마에'와 '혼네'라는 용어를 만들어 자기관찰을 가능하게 만든 사례라고 볼 수 있다. 즉, 일본 사회는 자신들의 타테마에와 혼네를 자신들만의 용어로 표현할 수 있을 만큼 자기 인식이 있으며, 환대 또한 그 관념 위에서 '분석' 가능하고 '성찰' 가능해진다. **오히려 요즘 일본의 젊은 세대들은 혼네와 타테마에의 대립에 피로해하고 이를 거부하자는 움직임이 점점 더 늘어나고 있다.**

우리들은 어떤가? 간혹 우리들은 "일본은 도대체 왜 그럴까?"라는 의문에서 이런저런 정보들을 뒤적거리고 그 특성을 역사적, 문화적, 지정학적, 민족적 특성에 귀결시켜 이해해버리고자 한다. 이해하고자 하는 것이 아니라 이해 '해버리고자' 하는 것이다. 그러한 시도들은 종종 일본에 대한 우월의식, 근본의식 등으로 이어지기도 한다. 물론 일본을 이해하고자 하는 시도는 중요하지만, 약간만 신중히 살펴보면 정작 우리들이 혀를 차며 짜증 섞인 비판을 가하는 그 현상이 우리 자신들과도 무관치 않음을 알아야 할 필요가 있다. 아니. 정작 거울을 보듯 비슷한 면들을 바라보면서도 우리는 자기 인식조차 없는 경우가 왕왕 있다.

우리들의 환대는 어떠한가? 우리들은 누군가를 '진심'으로 환대하고 있는가? 백화점 등에서의 손님 응대, 결혼식과 같은 일상에서도, 난민에 대한 문제, 특정 국가로부터의 방문객에 대한 혐오적 차별적 감정, 또는 우월적 감정. 우리들의 환대를 우리들도 한발 떨어져 살펴본 적이 있는가? 우리는 얼마나 우리들조차도 잘 모르는 '타테마에' 뒤에서 자신을 보호하고 있지는 않을까? 어쩌면 우리 사회도 우리들 모두에게 어떤 형태의 '타테마에'를 조용히 강요하고 있을지도 모를 일이다.

타인

일본의 환대는
타인에 대한 외포라는 감정이
기저에 흐르고 있다.
환대는 외포로부터 기인하는
리스크와 감정적 불안을
최소화하기 위한 수단이다.
외포의 대상을 자신들이 통제 가능하고
예측 가능한 수준 내로 끌어들여
대응하기 위한 의례로서
환대가 드러난다.
외포의 대상을 통제하기 위한
최대한의 호의가 바로 환대이다.

# 신지은

부산대학교 사회학과에 재직 중이다. 문화, 일상, 지역 등의 키워드와 연관된 이런저런 것들에 관심을 가지고 있다. 주로 소수자, 루저, 비주류 쪽에서 사회를 해석하는 관점에 끌리는 편이다.

# 이방인,
# 무조건적 환대,
# 테오레마

## 1

데리다와 환대라는 두 개의 키워드를 들었을 때 떠오르는 것이 몇 가지 있었다. 첫 번째는 환대산업, 환대기업, 환대서비스, 관계마케팅 등이다. 주로 관광 계통 산업에서 이런 단어들을 사용하고 있었고, 이 단어들의 사용 맥락에는 '고객은 절대적 존재'라는 생각이 전제되고 있는 것 같았다. 이렇게 놓고 보면 이 표현들은 '소비자는 왕'이라는 표현의 최신 버전처럼 보인다.

이것과 조금 다르긴 하지만, 차이보다는 공통점이 더 많은 것이 하나 있다. 그것은 이를테면 '환대 도시 부산' 같은, 관 쪽에서 흘러나오는 슬로건이다. 이는 자기 도시를 찾는 관광객, 방문객 접대를 잘해서 도시의 관광산업을 촉진하고 관광자원 개발을 통해 도시 브랜딩을 하겠다는 의지를 담고 있다. 여기서 말하는 환대 역시 '손님은 왕'의 재판이라 할 수 있겠다.

**2.**

또 하나 떠오르는 것은 파졸리니의 영화 〈테오레마〉이다. 영화의 줄거리는 단순하다. 공장을 운영하는 부유한 부르주아 가정에 이름을 알 수 없는 매력적인 이방인이 방문한다. 그는 가족 구성원 모두의 사랑에 응한 후 떠나버린다. 그가 떠난 후 딸은 몸이 마비된 채 죽는다. 아들은 전위적인 예술 창작에 몰두한다. 어머니는 대낮에 남자들의 사랑을 구하며 길거리를 서성거린다. 그녀는 그 이방인이 그녀의 삶이 끔찍한 관습, 끔찍한 원칙, 끔찍한 의무, 끔찍한 예의, 끔찍한 민주주의, 끔찍한 반공산주의, 끔찍한 파시즘, 끔찍한 객관성, 끔찍한 미소로 가득 차 있었음을 깨닫게 해주었다고 말한다. 아버지는 공장을 노동자들에게 넘겨준 후 옷을 다 벗어버린 채 광야로 가 절규한다. 하녀는 고향으로 돌아간다. 거기서 메시아처럼 공중에 떠올라서 가난한 이웃들을 바라보다가, 결국 공사장 흙바닥에 스스로를 파묻는다. 그녀의 눈에서는 눈물이 쏟아진다.

이 영화는 1968년에 제작됐다. 당시 유럽에는 성 해방, 도덕적 질서 폐지가 대대적으로 요구되었고, 각 개인의 삶 역시 고립과 수동성에서 벗어나 자신의 진정한 욕망을 찾는 것이 중요하다는 인식이 확산되고 있었다. 이 영화 역시 자신의 억압된 욕망을 깨달은 가족 구성원들이 기성의 사회 규범과 질서를 벗어나는 이야기를 보여준다. 이 영화에 대한

다양한 해석이 있을 수 있겠지만, 데리다의 무조건적 환대와 타자를 생각하는데 훌륭한 레퍼런스로 활용될 수 있을 것 같다. 이 영화가 던지는 질문은, 나를 파괴하러 오는 타자를 환대할 수 있는가 하는 것이다. 이 파괴란 어떤 것인가? 더 나아가 누가 누구에게 환대를 베풀었는가? 누가 주인인가? 등의 질문도 이어진다.

### 3.

환대란 나의 집 나라, 영토 에 찾아온 이방인 타자 을 어떻게 받아들일 것인가? 하는 문제와 연관된다. 환대 개념을 철학적으로 정립한 사람은 칸트이다. 그는 환대를 다른 나라를 방문한 이방인이 갖는 권리로 이해한다. 환대가 이방인이 갖는 권리로 본다는 것은, 환대가 단순한 친절이나 배려와는 다르다는 것을 의미한다. 이방인이 갖는 환대의 권리는 그가 적으로 간주되지 않을 권리이다. 이것은 나의 나라에 온 이방인이 갖는 권리이지만 내가 다른 나라에서 누릴 수 있는 권리이기도 하다. 칸트가 환대에 대해 성찰했던 18세기 말, 유럽에서는 제국주의적 팽창이 본격적으로 전개되고 있었다. 이미 2세기 전부터 네덜란드, 포르투갈, 스페인, 영국 등이 영토 팽창에 혈안이 되어 있었는데, 이런 상황에서 칸트가 세계시민주의와 영구평화에 대해 논의하면서 환대를 언급했다는 점은 대단히 놀라운 일이다.

하지만 칸트의 환대 개념은 제한적이다. 그는 이 권리는 임시 체류인에게만 주어지는 것으로 영구적으로 다른 나라에 거주하려면 또 다른 계약이 필요하다는 조건을 덧붙인다. 즉 칸트가 말하는 환대의 권리는 모든 사람이 다른 나라에 '일시적으로' 머무를 수 있는 권리라는 것이다. 그리고 이 환대의 권리는 정체를 확인할 수 있는 이방인에게만 한정된다. 현대의 맥락이라면, 지인부터 '고객님', 관광객 등 신원을 확인해 주는 ID카드를 가진 사람만이 환대의 권리를 누릴 수 있다. 그리고 내가 주인이고 나의 공간에 순응하겠다는 것을 조건으로 이방인이 초대된다. '환대 서비스'를 받아 누릴 수 있는 '고객님'은 '왕'인 것 같지만, 어쨌든 환대가 이루어지는 영역에서 사실은 내가 왕이다. 이방인은 내 공간 내 집, 내 나라 에서 내 공간의 법을 따를 때, 그리고 곤란을 야기하지 않는 범위 내에서만 '웰컴'이다.

"프랑스에 오신 것을 환영합니다. 멋진 여행 하시고 잘 돌아가세요." 이 따뜻한 환영의 메시지는 사실 프랑스의 극우 단체에서 만들어 배포한 포스터에 등장한 문구이다. 프랑스 땅에서 문제를 일으키지 않고 돈 쓰고 **관광하고** 돌아갈 사람들만 환영의 대상이다. 프랑스에 무기한으로 체류하려는 사람, 거기서 돈을 벌려는 사람, 심지어 프랑스인이 낸 세금으로 지원을 해줘야 하는 사람은 환영의 대상에서 제외된다.

여기에는 가난한 나라에서 온 유학생부터 이주민, 난민까지
모두 포함된다.

4.

　데리다의 환대 개념은 칸트의 환대 개념에서 시작됐지
만 거기서 완전히 벗어나는 것이다. 칸트와 달리 데리다의
환대 개념은 무조건적 환대이다. 이는 초대받지 않은 모든
자, 절대적으로 낯선 타자에게 자신의 집과 나라를 개방하는
것을 의미한다. 그것은 나의 공간에 도착한 이방인에게, 비
록 그의 신원을 확인할 수 없을 때라도 아무 조건 없이 나의
공간을 열어주는 것, 자기 집의 경계를 허물고 열어주는 것,
더 나아가 '나의 집'을 해체하는 것까지 요구한다.

　"대망의 손님인 이방인은 주인이 "오라"고만 하는 사람이
아니고 "들어오라"고 하는 사람이다. 머뭇거리지 말고 들어오
라, 기다리고 있지 말고 우리 집에서 즉시 발길을 멈춰라, 빨리
들어오라, "안으로 오라" "내 안으로 오라" 내 쪽으로만이 아니
라 내 안으로 오라. 요컨대 나를 점령하라, 내 안에 자리를 잡
아라. [⋯] 구원자라도 되듯, 해방군이라도 되듯 손님을 초조하
게 기다리는 주인의 논리는 우리에게 이상하긴 하나 매우 설명
적인 논리이다. [⋯] 마치 이방인은 주인을 구하고 주인의 권력

을 해방하는 것이 가능할 듯이 말이다. 마치 주인이 주인으로서, 자신의 장소와 권력의 포로, 자신의 자기성 ipséité 의 포로, 자신의 주관성의 포로이기라도 하듯이 말이다. 그러니까 결국 인질이 되는 -진실로 언제나 인질일- 것은 주인, 초대하는 자, 초대하는 주인 hôte 이다. 그리고 손님 hôte , 초대받은 인질 guest 은 초대하는 자의 초대하는 자가 된다, 주인 host 의 어른이 된다. 주인 hôte 은 손님 hôte 의 손님 hôte 이 된다. 손님 hôte; guest 은 주인 hôte; host 의 주인 host 이 된다. [주인이 손님이 되고 손님이 주인이 되는] 이러한 치환들은 모두를, 그리고 각자를 상대방의 인질로 만든다. 환대의 법들이 그러하다."[1]

이방인/손님이 주인의 구원자이자 해방자라는 데리다의 해석은 〈테오레마〉를 연상시킨다. 이 환대는 당연히 현실에선 불가능하다. 데리다 역시 이 점을 모를 리가 없다. 하지만 그가 보기에 조건적 환대와 무조건적 환대 사이의 긴장을 제대로 사유하지 못하면 환대의 논의는 의미가 없다. 조건적 환대는 내재적 모순의 차단으로 환대에 도달하지 못한다. 나의 집을 지키기 위해, 그리고 내가 주인이라는 것을 포기하

---

1    자크 데리다, 『환대에 대하여』, 남수인 옮김, 동문선, 2004, 134~135쪽. 프랑스어 hôte에는 주인이라는 의미와 손님/방문객이라는 의미가 함께 있다.

지 못하므로, 조건적 환대는 필연적으로 이방인에 대한 거부로 이어진다. 조건적 환대는 주인의 법과 규칙을 강요하면서 동시에 주인의 은혜와 관용에 기댄다. 관용을 베풀지 말지, 어느 정도까지 관용을 베풀지는 모두 주인이 정한다. 아버지, 남편, 어른인 집주인이 만든 환대의 법을 강제하는 것, 이것은 환대가 아니다. 바로 이런 지점에서 데리다는 보다 근본적인 윤리가 필요하다고 본 것이다. 따라서 데리다가 제시한 무조건적 환대가 현실에서 실천 가능한가 하는 문제에 집중하는 대신, 이 절대적 환대를 현실의 환대를 성찰하는 준거로 유지하는 것이 중요할 것이다.

5.

조건적 환대와 무조건적 환대가 바라보는 이방인은 어떤 모습인가? 조건적 환대가 가정하는 이방인의 첫 번째 모습은 잠재적인 기생충이다. 기생충인지 아닌지 확인하기 위해 그들의 ID와 통장 잔고까지 확인해야 한다. 다른 한편 이방인은 잠재적인 부의 원천이다. 이방인이 내 집, 내 나라에 얼마나 기여할 수 있는지가 기준이다. 둘은 매우 다른 듯 보이지만 공통점은 주인의 자기중심성이다. 자신의 재산을 축내는가, 자신의 재산을 불려주는가가 최고의 관심사이고 이에 따라 이방인을 환대하거나 박대한다.

세계화의 흐름이 본격적으로 만들어지기 이전에는 많은 국가가 사회통합과 질서를 해치는 이질적인 것, 이방인이 가져오는 차이와 다양성을 배척해 왔다. 하지만 전 세계를 상품화하려는 세계화는 바로 이 차이와 다양성을 세계시장의 핵심 동력으로 파악한다. 마케팅은 종교, 젠더, 인종 등 그 어떠한 것도 차별하지 않는다. 돈만 된다면, 그것은 어떤 위험한 것도 포섭한다. 물론 이것은 겉에서 볼 때 그렇다는 말이고, 그 속에서 차이는 적극적인 관리의 대상이다. 갈등을 유발하거나 현재의 질서 유지에 해가 된다면 그 차이는 인정되지 못한다. 자기중심성을 유지하면서 타자, 이방인, 차이를 사유한다는 것은, 다른 세계, 타자, 이방인에 대한 상상력을 작동시키지는 않는다. 화려하고 과장된 환대의 제스처 뒤에 감춰진 상상력의 빈곤.

그렇다면 무조건적 환대는 이방인을 어떻게 바라보는가? 자기중심성에서 벗어나서 이방인을 환대하는 것은 어떤 것일까? 이방인을 '위하는' 게 아니라 자신이 이방인이 되는 것이다. 이방인 되기. '되기'란 자신의 위치에 고정되는 것 대신, 타자와의 접속을 통해 자기 존재를 넓혀가는 것을 말한다. 자기 자리, 자기 집, 자기 나라, 자기 정체성에 매인 '포로'이자 '인질' 상태에 머무는 것 대신 자기 존재를 다양화하는 것이다. 나와 타자가 만났을 때, 각각 자신을 규정하던 정체성에서 벗어나서 새로운 관계로 진입하게 되는 것, 여기에서 변화가 생길 것이다. 지금까지 경험해 보지 못했던 새로운 질서, 새로운 세계가 만들어질 것이다. 이런 사태를 두고 데리다는 이방인이 구원자이자 해방자라 표현했다.

## 6.

파졸리니의 〈테오레마〉에서 이방인은 어떤 역할을 하는가? 그는 가족 구성원들 모두를 일종의 황홀상태로 이끌어 근본적인 변화를 겪게 만든다. 그는 코드화되지 않은 요소, 외부의 새로움을 가족 내부로 끌고 들어와서 모든 상황을 낯설게 만들고 탈영토화한다. 이방인이 집에 들어온 바로 그 순간부터 집안에서 손님과 주인의 구분이 없어진다. 이 시간에는 주인이라는 자부심과 주인으로써의 요구가 사라지고 초청하기와 초청받기가 동시에 이루어진다. 가족 구성원 모두가 이방인에게 사랑과 구원을 갈구하고, 이방인은 그 모든 사랑에 응한다. 그렇게 모두가 이방인에게 굴복해 가는 모습을 보면, 이방인은 '주인의 주인'이라 할 만하다.

테오레마 theorema 는 수학에서 '정리 定理'를 뜻한다. 이는 수학적으로 증명된 참된 명제로, 이는 이미 맞다고 정해져 있기 때문에 더 이상의 증명이 필요 없다. '직각삼각형의 경우, 밑변의 길이의 제곱과 높이의 제곱의 합이 빗변의 제곱의 합과 같다'라는 피타고라스의 정리에 대해서 이견이 있을 수도, 의문이 생길 이유도 없다. 하지만 수학의 발전에 따라 과거에 '정리'였던 것이 나중에 거짓이 되기도 한다. 따라서 언제나 새로운 발견을 받아들여야 할 것이다. 파졸리니는 겉보기에는 완벽해 보이는 부르주아 가정을 수학 법칙에 따라 문제의 답이 완벽하게 정해져 있는 테오레마에 빗댄 것으로 보인다. 하지만 이방인이 등장한 이후 이들은 풀리지 않는 어려운 문제에 사로잡히게 된다. 이방인의 등장으로 가족 구성원은 모두 논리적으로 소진되고, 테오레마의 바깥을 경험한다. 그것은 논리적으로 해석될 수 없는 일종의 황홀상태의 경험이다.

존재 existence 라는 단어와 황홀상태 ecstasy 라는 단어 사이에는 어원적으로 동족 관계가 존재한다. '존재한다'는 것은 '바깥에 선다', 즉 사람이 사회체계 안에서 통상적으로 차지하는 구조적 지위 바깥에 서는 것을 의미한다. 존재한다는 것은 황홀상태, 즉 나 자신이 더 이상 아닌 상태, 이방인의 상태에 있는 것이다. 만일 이방인이 등장하지 않았다면, 이 부르주아 가정에는 변화도, 질문도, 갈망도 없었을 것이다. 어떠한 증명도 요구받지 않는 폐쇄적이고 자족적인 시스템, 거기에는 기계적인 가학과 자학의 행위만이 가능했을 것이다.

## 7

이미 몇 년 전부터 전 세계적으로 초국적 이주와 이방인, 난민 등을 둘러싼 문제가 중대한 이슈가 되고 있다. 이런 점을 고려해 본다면 지금 우리는 환대에 대해 적극적으로 성찰해야 하는 시점에 놓여있음에 틀림없다. 대놓고 이방인을 기생충 취급하는 분위기는 사라진 것 같지만, 여전히 이방인을 국가 혹은 도시 나 자본의 확장을 위한 계기로 수용하고 있는 것처럼 보인다. 데리다의 무조건적 환대 개념은 이런 사유의 방향에 가이드라인을 제시해 준다. 무조건적 환대 개념에 대한 사유 없이 환대에 대해 말하는 것은, 기껏해야 대차대조표에 따라 득실을 따지며 일시적으로 허용하는 양보를 환대로 오인하는 모순에 빠질 수밖에 없다. 자신의 집에 어떠한 흔적도 남기지 말고 잠시 조용히 머물다 떠날 이방인만을 초대하는 것, 이것은 환대가 아니다. '고객님 사랑합니다'가 사랑 고백이 아니듯.

무조건적 환대에 대한 사유는 불가능한 것에 대한 사유이다. 특히나 경제적 이성이 지배하는 현대의 시스템 속에서 무조건적 환대에 대해 사유하는 것은 거의 광기에 가깝다. 하지만 무조건적 환대는 이런 비좁은 세계에 틈을 벌이고, 이렇게 해서 경제적 교환 시스템만이 전부라고 믿는 세계에 얼룩이 생길 것이다. 이런 광기가 있음으로써 사유의 심도가 깊어질 수 있을 것이다.

# 정 훈

2003년 문학평론가로 발을 내딛었다. 문화의 기원과 신학에 관심을
두고 이에 관한 글들을 썼고 쓸 참이다. 문화의 기원은 르네 지라르에
게, 그리고 신학은 다석 류영모에게 영감 받은 바 크다. 최근 시집『새
들반점』을 냈다.

# 해월의 마음[1]

칼날이 목을 가르기 직전 수운 대신사의 섬광처럼 번뜩이는 눈동자가 생각났다. 그리고는 그 무엇도 옴짝달싹할 수 없었던 몸이 떠올랐다. 손끝 하나 발끝 하나 마음대로 움직이질 않으니 마치 응결된 미라 마냥 생각만 어지러웠던 순간이었다. 바로 그때 빛줄기 하나 온몸을 휘돌아 감싸면서 빠져나갔다. 하나가 오면서 또 하나를 잡고 달아난다. 아니, 내 속의 하나가 내게 올 하나를 맞이하며 잡아 이끌었다.

높낮이와 무게의 경중 輕重 과 태생과 꼴의 귀천으로 한껏 기울어진 세상에서 금수만도 못한 생명을 붙잡고 신음을 내며 짓눌러버린 세상이었다. 한 치 앞도 내다보기 힘든 하루를 살아가는 하루살이와도 같은 백성들에게도 하늘의 명이 모셔져 있을까. 머슴과 여자와 아이들은 말할 것도 없고, 저 초목이나 돌멩이까지도 하늘의 말씀이 반드시 들어있다는 사실을 나중에야 알았다. 하루라도 움직이지 않으면 나는 죽은 몸이나 마찬가지였다. 베를 짜던 여인을 보며 한시라도 움직이지 않으면 안 되는, 부지런한 하늘의 형체를 본다.

---

1    동학 2대 교주 해월 최시형(1827~1898)이 처형 직전 떠올랐을 생각을 동학의 인내천, 밥 한그릇의 사상, 향아설위 向我設位 사상, 이천식천 以天食天 사상, 그리고 사인여천 事人如天 사상을 녹여내 추측하고 상상한 내용을 에세이 형식으로 풀어쓴 글이다.

네 마음이 바로 내 마음이다. 끊임없이 생동하며 확충하는 생명의 원리에는 너와 내가 맞잡고 그리면서 만들어내는 신비한 창조가 있다. 눈으로는 확인할 길 없으나 시간이 지나면서 차츰 속으로 들고나는 네 정신과 마음을 깨닫는다. 그러니 세상은 한통속으로 흐른다. 여기에는 경계가 없다. 경계가 없으니 차별 또한 만무하다. 경계와 차별이 허물어진 공간을 시간이 담을 타듯 넘어 흘러간다. 간 것들이 되돌아오고, 되돌아온 것들이 돌아나간다. 먼 시간들이 내 몸에 담겨져 있다. 네 몸에도 아득한 시간의 발자국들이 새겨져 있다. 그걸 네가 알 리가 없겠지만, 내가 건네는 마음 한 자락으로 너는 홀연 깨닫는다.

저기 밥 먹는 사람을 본다. 그가 밥을 먹는 까닭은 딴 데 있지 않다. 살기 위해서다. 이를 본능이라고만 치부하며 자연스러운 행위로 익히 받아들인다. 그러니까 밥을 먹지 않았을 때를 상상하면 그만이다. 밥을 먹지 않으면 죽는다. 그렇다고 다만 죽지 않기 위해서 밥을 먹는다고만 생각을 하지 말자. 밥을 먹는 일은 곧 이 세상이 흘러가는 이치에 동참하는 일이요, 세계가 건네는 사업행위에 숨을 얹는 일이다. 저 사람이 밥을 먹는 일은 자기 목숨을 부지하기 위해서 행하는 짓이기 전에 제게 모셔둔 하늘의 말씀을 실현하기 위해서다. 물론 저 자신도 그걸 알 리 없다. 오래 전부터 사람들은 먹어왔고, 먹으며, 먹을 것이라는 사실만큼 자명한 것이 또 있겠

타오

는가. 나는 그 자체에서 기적이나 신비를 발견한다.

한 그릇의 밥이 놓여 있어서 우리가 수저를 들기 전까지 온 생명이 움직이며 밥을 만들었다. 물과 바람과 햇볕뿐만 아니라 농사꾼의 손길과, 그 손길에 담긴 마음과 이제나 저제나 애타는 심정으로 훑어 내린 시간의 눈매가 쌓여 한 톨의 쌀이 만들어졌다. 그러니 밥 한 끼를 먹는 일은 하늘이 주는 양식을 고이 받아들이는 실천이요, 그 하늘의 뜻을 생각하며 하늘이 제게 선사한 생명의 활기를 온전히 수락하는 행위이다.

그러면 네가 먹는 밥도 내가 먹는 밥도 하늘의 뜻을 실천하는 거룩한 의식이 된다. 죽음이란 없다. 밥을 먹지 못해 죽을지라도, 이 세상에서는 완전히 소멸하거나 사라지는 죽음이란 존재하지 않는다. 우리가 죽음을 두려워하는 까닭은 죽음이 생명의 끝이요 종식이라 생각하기에, 생활 자체를 더 없는 허무와 의미 없는 목숨을 부지하는 물활 物活 로만 여기게 하기 때문이다. 그러므로 온전한 죽음을 믿고 받아들이는 자일수록 이 세계와 생명의 현상이 보내는 신호를 놓치게 될 우려가 크다. 이는 태어난 대로 살고, 생긴 대로 행하며, 먹는 대로 목숨을 부지할 뿐인 금수의 삶에 지나지 않다. 하지만 금수라도 제 명의 길을 알고 있다. 이들 또한 하늘의 손바닥 안에서 먹고, 생식을 하고, 자손을 퍼뜨리기 때문이다.

생각할수록 아득하다. 이 존재는 궁리를 거듭할수록 알

수가 없다. 돌아가신 이들이 남긴 모든 말씀에는 비록 하늘의 뜻에 부합하지 않더라도 일말의 뜻이 있기 마련이다. 나는 너와 함께 세계를 일구어나간다. 그러니 너는 바로 내가 품은 생각과 말을 알아듣는다. 네가 있기에 나는 존재할 수 있다. 내가 없으면 너 또한 한갓 어디로 흘러가는지 도무지 알 길이 없는 먼지 한 톨일 뿐인 생명이다. 하지만 먼지 한 톨, 풀 한 포기, 바람 한 줄기조차 이들을 보고 느끼는 더욱 큰 눈이 없다면 그야말로 보잘 것 없고, 소용없는 빈 물건일 뿐이다.

밥은 사랑이요 하늘의 뜻이 담긴 생명의 크나큰 양식이다. 밥을 만드는 주체는 바로 너다. 너로 하여금 나는 먹는다. 그리고 너는 하늘을 품고 있다. 다시 말하면 하늘이 하늘을 먹는다. 네 안에 모셔져 있고 내 안에 모셔져 있는 하늘을 먹여 살리는 일이 우리에게 주어진 하늘의 명령이다. 사회가 어지러운 이유는 이러한 하늘이 순환하면서 커져가는 이치를 잊어버리기 때문이다. 백성이 하늘처럼 모시는 헛것이 실체요 실상이라 받아들이기 때문에 세상은 혼란하고 병이 든다. 힘이 약한 자가 힘이 강한 자에게 먹히는 사실, 소리 죽이는 자가 소리 큰 자에게 굴복한다는 사실, 작은 자가 큰 자에게 무릎을 꿇어야 한다는 사실을 절대 변하지 않는 진리요 숙명이라 여기는 마음이 지금까지의 세상이었다.

한탄과 비명과 눈물의 폭포가 이 세상을 가득 채운다.

매 맞는 아이들과 홀대당하는 여자들, 그리고 오랫동안 스며들어 도저히 바꿀 수 없을 지경에까지 오게 된 인간사회의 질서에서 비롯하는 불평등과 착취구조 속에서 너와 나는 온몸이 찢겨져 나갔다. 몸이 온전치 못하니 마음마저 병이 들어버렸다.

생각할수록 내 마음은 큰 울음소리에 젖어 있다. 슬픔이 극에 달해 울음조차 메말라 버렸다. 내 슬픔과 울음은 바로 저 매 맞는 아이와 천대받는 여자들의 울음이요 슬픔이다. 내가 그들을 저버렸다. 그리고 네가 이들을 무참히 짓밟아버렸다. 포태 胞胎 하는 모든 생명들은 단지 제 자식만을 기른다고 생각하지만, 실상 이제껏 우리에게 주어져왔던 하늘의 뜻을 자연스럽게 실행하는 일이다. 그래서 자식을 낳으면 나은 생명으로 기르고 보듬어주어야 그 뜻에 위배되지 않는다. 이를 망각한 것이 이제까지 인간의 역사였다. 이기 利己 의 심성이 그렇게 자라났다.

이기심으로 배양된 생명이 어찌 너를 온전히 받아들일 수가 있을 것인가. 나를 중심으로 돌아가는 세상이라면 너 따위는 없애야 한다. 그런 마음의 씨앗이 생긴 까닭은 바로 하늘로부터 났지만, 눈에 보이지 않는 하늘을 이기고자 하고, 하늘보다 낮다고 믿는 비천한 짐승의 습성을 버리지 못했기 때문이다. 그런 하늘이라면 아예 없는 게 훨씬 낫다. 너는 하늘을 말하면서도 제밖에 모르고 살았다. 나도 마찬가지다. 그러면 네 마음은 무엇이냐.

　서슬 퍼런 칼날이 눈앞에서 춤을 춘다. 어차피 맞이할 운명이다. 수운은 말하였다. 내 마음이 곧 네 마음이다. 한동안 몸을 가누지 못해 온 마음과 정신이 목석처럼 꿈쩍하지 않을 때가 있었다. 황망한 중에도 나는 생각했다. 이런 상태는 어째서 그런가. 수운의 말씀을 듣고 실천하려 했으나 아직 버리지 못한 의심 때문이었다고 생각한다. 스승은 제자를 거두지만 제자는 스승을 온전히 받아들이지 못했다. 도적의 마음은 온통 하나뿐이니, 그건 남의 것을 취하려는 일심의 덕이다. 나는 도적의 심보만큼도 못 갖춘 채로 스승을 따랐다. 이런 내 마음을 수운은 알아챘을 것이다.

　쉭, 하는 소리가 들리면서 나는 눈을 번쩍 떴다. 그때 수운은 맑은 표정으로 나를 바라보고 있었다. 시원한 바람이 불었다. 눈동자 선한 얼굴 하나 나를 물끄러미 뚫어져라 응시하고 있었다. 내 마음이 온전히 수운께 닿은 것만 같았다. 내가 너를 들쳐 업는 일은 네 마음까지도 한 치 흐트러짐 없이 얼싸안는 일이다. 수운은 이미 심란했던 내 마음까지도 덥석 안아 올렸다. 그걸 나는 모르고 있었다. 지금에서야 나는 안다. 천지만물이 바로 내 마음이라는 사실을 이제야 안 것 같다. 세상은 묘하게도 마음이 움직이는 길로만 만들어지고 방향을 튼다. 이는 참으로 놀라운 발견이다.

터우

그래서 너도 놀랍다. 내가 너를 발견하는 일, 그리고 내가 너를 찾는 일만큼 내가 살아있다는 확실한 증거가 있을까. 어쩌면 수운은 내가 그를 알기 전부터 나를 찾았는지도 모른다. 만나고서야 존재를 확인하는 게 아니다. 만남 이전에 서로는 서로를 알고 있었다. 이것이 내가 너를, 너의 마음을 고스란히 받아 마시는 방식이다. 너는 인간의 형체를 가지고 있는 존재다. 하지만 인간이 아니라 동물이나 물건의 형식을 띠어도 마찬가지다. 완고한 내 마음을 허물어뜨려야만 비로소 네 마음이 보이기 시작한다.

굳어있는 마음의 빗장이 열릴 때 하늘은 도리어 나를 재촉한다. 내 마음은 정처 없었으나, 오히려 정처가 없었기에 모두에게 흘러갈 수 있고 모두를 물리치지 않고 떠안을 수가 있었다. 그러면 네게로 가는 내 마음과 너한테서 내게로 다가오는 마음이 다르지 않고 하나임을 알게 될 것이다. 여기에서 나는 너와 합류한다. 똑같아지는 게 아니라, 내게 다가오는 네 마음이 바로 내 마음이라는 사실을 자각하게 되는 것이다. 너는 비록 손님처럼 왔을지라도, 오랫동안 나를 찾아 헤맸던 바로 나였다.

내 안의 너를 알기까지 나는 울타리 속 짐승처럼 굳은 마음의 병을 앓고 있었다. 그 완고한 우리를 걷어내고서야 울타리 밖 검은 마음처럼 느껴졌던 낯선 존재들이 환해지면서 뚜렷이 보이기 시작했다. 그것은 보였고, 성큼 다가왔고, 맑아졌고, 속으로 빨려 들어왔다. 그러니 나는 이제야 그간 머리를 혼란에 빠뜨렸던 실체가 무엇인지 안다. 네 마음길이 달아나면 아주 영영 다시 돌아오지 못하고 공중에 떠돌다 흩어질 넋으로만 알았던, 그래서 가끔 생각나기도 하면서 궁금해지는 것이어서 물 한 사발이라도 떠놓고서 너를 향해 엎디었던 자리를 네게 돌려세웠던 것이다.

하루는 하늘이 잠시 머무르다 가는 시간이다. 그 시간이 늘 있기에 어제도 기다리기만 했던 날이 될 수가 있으며, 다가올 날도 늘 지금 머무를 수가 있다. 내게서 달아나려는 마음도 떠나가려는 마음도 이미 달아났으며 떠났지만, 다시금 곧 돌아올 이방인처럼 언제든 내 곁을 맴돌게 마련이다. 모든 손님들 낯은 씻겨서 찾아온다. 그 손님은 또 다른 마음을 품은 낯선 존재가 아니다. 오래도록 님을 찾아 헤맨 바로 내 마음이다. 손님은 절대 내게 해코지할 수 없다. 오히려 지극하게 대접함으로써 마침내 주인이 되어야만 하는 존재다. 그가 곧 바로 내가 찾아 헤맸던 당신, 다시 말해 님이기 때문이다. 님이 오는 소리는 모든 이물스러운 것들과 함께 버석거린다. 그래서 님은 또 다른 님들과 함께 섞여 있는 하나일 뿐이라 여기기 십상이나, 내 마음 깊은 곳 컴컴한 동굴 속에서 오랜 잠을 자고 있는 그 님을 깨우지 못한 내 게으름 탓으로 돌려야 한다.

터엉

오늘 수없이 많은 님들이 떠나갔다. 그리고 수없이 많은 님들이 찾아왔다. 그렇지만 내가 여태껏 모시려 했던 그 님의 얼굴이 점점 자라 목전에 서성거리고 있음을 이제는 본다. 얼굴과 얼굴이 맞대어 점점 관통하는 소리에 마음은 더욱 부풀어 오르고, 떠난 줄 알았던 님의 눈 속에 내 마음 그득한 채로 뛰놀고 있음을 본다. 네가 옴으로써 내가 활기를 띤다. 그리고 내 활기가 네게 옮아감으로써 너는 커다란 자취를 남긴다. 두 마음이 만나 하나의 님이 비로소 찾아왔다. 그러나 사실 그 하나는 이미 너와 내 마음 언저리에서 늘 숨죽여 잠겨있던, 그래서 잃은 듯 찾아온 듯 드나들던 바로 님의 씨앗이 종국에 자라난 얼굴이었음을 이제는 본다.

순교 직전의 해월 최시형(1827~1898)

# 조봉권

1970년 8월 15일 경남 진해에서 태어났는데, 일곱 살 때 부산 와서 줄곧 부산 원도심에서 살고 있다. 부산대에서 사회복지학을 전공하는 행운을 누렸다. 남을 도우려 애쓰고 우리 사회를 생각하면서 자기를 돌아보는 학문이 사회복지학이었다. 그러나 성적은 나빴다.

부산대 영어신문사 편집국장과 간사를 지냈다. 1995년 국제신문에 입사해 2022년 현재 28년 차 기자다. 등산·여행·레저 담당 기자로 뛴 2년 3개월이 가장 행복했다. 그때 '신근교산'이라는 책을 냈다.

문화부 기자, 문화부장, 문화전문기자 등 문화·예술 부문 취재를 17년 이상 했다. 선임기자, 편집부국장을 지냈다. 부산대 예술문화와 영상매체 협동과정대학원 미학 석사 과정에서 공부했으나 학위는 못 땄다. 제1회 효원언론인상, 한글학회부산지회 공로상, 라이온스봉사대상 언론 부문상을 받았다. 현재 인문 무크지 '아크' 편집위원이다.

# 환대가 기적으로…
## 광주로 떠난 '환대 여행'

광주광역시 광산구 월곡동에 '고려인마을'이 있다. 환대가 낳은 기적을 보고 싶은가? 나는 당신을 이 마을로 데려가겠다.

2017년 5월 광주 월곡동 고려인마을에 다녀온 뒤로 날마다 부지런히 집요하게 이 마을에서 보내주는 인터넷 뉴스레터를 5년 넘게 받아 보는 나는 늘 이런 생각을 품고 있었다.

그러다 덜컥, 진짜로 많은 사람을 모시고 부산에서 광주 고려인마을로 가게 됐다. 인문 무크지 '아크' 이번 호 제4호 주제를 '환대' hospitality 로 잡아보자고 의견을 내고 묵묵히 나는 버텨보았는데, '환대'라는 주제를 안고 고려인마을을 취재하고 싶은 마음을 더는 내버려두면 안 될 것 같다는 예감이 이상하게도 들었기 때문이다.

2월 4일 편집회의에서 아크 제4호 주제를 '환대'로 잡는 것으로 결정났다. 나는 "그렇다면 혼자 광주 고려인마을을 답사하고 탐방기를 쓰겠다"고 했다. 그러자 다른 편집위원 4명이 "올해 '아크' 워크숍 행선지를 아예 광주로 잡고 함께 고려인마을에 다녀오자"고 했다.

나는 그 제안을 반기면서 속으로 되뇌었다. '환대가 낳은 기적을 보고 싶은가? 그럼 당신들을 광주 고려인마을로 모셔가겠다.' 2월 24일 러시아가 우크라이나를 침공했다.

## 대체 어떤 환대의 네트워크가?

3월 13일 고려인 동포 최마르크 13 어린이가, 같은 달 22일 남아니따 10 어린이가 고려인마을의 도움에 힘입어 전쟁의 참화에 휩싸인 우크라이나를 탈출해 광주 광산구 월곡동 고려인마을에 무사히 도착했다는 소식이 들려왔다.

5월 10일 현재 고려인마을 홈페이지에는 다음과 같이 기록돼 있다. "*우크라 전쟁난민 고려인동포 국내귀환 돕기 모금운동 현재 294,172,500원 2022년 5월 현재 항공권 지원인원 274명. 추후 정산내역 홈페이지 게시할 예정임. 항공권 대기자 494명 루마니아 241명, 폴란드 239명, 독일, 헝가리, 몰도바 등 14명 항공권 지원 인원은 6월 20일 현재 430여 명에 이른다 ."

고려인마을이 중심이 돼 3월 10일부터 5월 10일 현재까지 2억 9천4백여 만 원을 모금했고, 전쟁에 휘말린 우크라이나 고려인 동포 274명이 항공권을 살 수 있도록 도와 이들이 한국으로 피란 올 수 있게 했으며, 비슷한 처지의 동포 494명이 기다리고 있다는 뜻이다. 전쟁 중에 대체 어떤 환대 네

타오

고려인마을을 방문한 인문무크지 아크 편집위원 팀

트워크가 작동하기에 이렇게 체계 있고 신속한 도움이 가능하단 말인가? 4월 8일 우리 일행은 아침에 부산에서 출발해 광주 고려인마을에 닿았다.


## 먼 길 긴 세월 돌고 돌아

사람은 뜻한 바를 글로 온전하게 표현하지 못해 번번이 좌절하는 존재일 뿐이다. 평소 이런 생각을 자주 했는데, '광주 광산구 월곡동 고려인마을'에 관해 쓰자니 미리 '좌절감'이 밀려왔다. 이야기해야 할 사항이 정말로 많기 때문이다.

'고려인'이 누구인지 알아보려면, "1863년 함경도 북부지방에 살던 13농가가 기근과 학정을 피해 연해주 지신허 강변에 들어가 농사를 짓기 시작"한 때까지 거슬러 올라가야 한다. **김병학 월곡고려인문화관 결 관장 엮음, 고려인마을 펴냄, 「고려인은 누구인가」 11쪽**

일제강점기가 되면서 연해주 **아무르주 포함** 고려인 삶터는 더욱 커졌고 항일독립운동 근거지가 됐으며, 1931년 1월 거주인이 19만 9천5백 명 이상으로 늘었다.

1937년 소련 최고 권력자 스탈린의 명령에 따라, 연해주를 비롯해 '극동' 러시아 지역에 살던 고려인 17만 2천여 명이 난데없이 일시에 중앙아시아로 강제 이주됐고, 그런 와중에 "강제 이주된 첫 해 겨울에 가혹한 기후와 풍토병을 이기지 못하고 2만여 명의 어린이와 노약자가 목숨을 잃은"**「고려인은 누구인가」 84쪽**, 읽고 또 읽어도 깜짝 놀라게 되는 역사와도 마주해야 한다.

고려인을 강제 이주하던 소련의 화물 열차는 수천 킬로미터를 한 달여 달렸다. 당시 소련 당국은 강제 이주를 실행하기 직전 한민족 지식인·지도자·명망가 2천5백여 명을 아무 죄 없이 체포해 대부분 처형하는 잔혹한 용의주도함을 발휘했다.

조국이 힘없고 약하고 가난했기에, 밀려나고 뿌리 뽑히고 강제 이주당해 1930년대 중앙아시아에 정착한 한민족 동포가 바로 고려인이다. 놀랍게도, 중앙아시아의 우즈베키스

터키

탄 카자흐스탄 타지키스탄 키르기스스탄 등지로 재산도 돈도 집도 절도 없이 강제 이주된 고려인들은 거기서 살아남았고, 끝끝내 성공한 민족으로 자리매김했다.

현재의 고려인 동포는 일제강점기 연해주를 중심으로 항일독립투쟁을 치열하게 전개한 주역들의 후손이기도 하다. 나는 고려인 동포를 생각할 때마다, 미안하다.


## 이천영 목사, 신조야 대표

이렇게 긴 세월 먼 거리를 돌고 돌아서야 우리는 2022년의 광주 광산구 월곡동 고려인마을에 비로소 닿을 수 있다. 월곡동 고려인마을에 사는 고려인 동포는 약 7천 명이라고 한다. 이들은 강제 이주된 중앙아시아 고려인 동포의 후손이다.

부산에서 온 이방인인 내게 광주 고려인마을은 아무리 생각해도 '기적'의 느낌을 준다. 이 마을에 사는 분은 '뭘 그렇게까지…'라고 생각할지 모르지만, 2017년 한 번 다녀간 뒤 5년 동안 날마다 뉴스레터를 받아 보는 나는 도무지 이 느낌을 양보할 생각이 없다. 이 '기적'을 일군 주역은 일단 두 사람을 꼽을 수 있다. 이천영 목사와 신조야 고려인마을 대표다.

우리 일행이 고려인마을종합지원센터에 우르르 들이닥

쳤던 4월 8일 금요일 오후, 그즈음 '우크라이나 전쟁 난민 고려인 동포'의 한국 입국을 돕느라 눈코 뜰 새 없이 바쁘던 이천영 목사와 신조야 대표는 일부러 시간을 비워놓은 듯 반갑게 우리를 맞이해주었다. 신조야 대표는 우크라이나 빵과 산딸기 잼 그리고 과일을 장만했고, 이천영 목사께서 대화 상대가 되어주었다. 정말이지! 이천영 목사는 이야기를 재미있게 맛깔나게 한다.

"월곡동 고려인마을은 어떻게 시작된 겁니까?" 구성진 판소리처럼 출렁출렁 흘러내린 이천영 목사의 설명을 요약하면 대체로 다음과 같다.

우즈베키스탄에서 1956년 태어난 고려인 동포 3세 신조야 씨는 2001년 한국에 왔다. 광주에 정착했다. 월곡동이었다. 공장·식당·알바…. 온갖 일을 전전했다. 갖은 고생을 했다. '항일독립의 신념을 품고 실천한 고려인의 후손'이라는 자긍심이 선명한 그에게 **고려인마을 홈페이지 인사말 등 참조** 고국 대한민국이 당시 선사한 대접은 불법체류자 신분이었다.

여러 차례 급여를 떼이고 난데없이 일자리를 잃는 등 고초를 겪던 신조야 씨에게 2002년 누군가 권했다. "이천영 목사를 찾아가 보라. 외국 선교와 봉사 활동을 많이 하는 분이다." 신조야 씨는 이천영 목사를 찾아갔다. 인연의 시작이었다. 이천영 목사는 정말로 '오만데' 쫓아다니면서 임금 체불 문제를 해결해 주었다. 이 상황을 전한 무등일보 서충섭 기자의 2016년 1월 2일 자 기사 한 대목이 흥미롭다.

"자신과 아무 상관없는 이를 위해 적극적으로 나서는 이 목사의 모습을 보면서 신 대표 신조야 씨 역시 한국에 정착하기 위해 고생하는 동포를 도와야겠다는 생각을 한 것이다."

## 사랑은 구체적이다

미국 텍사스 크리스천대학교 브라이트 신학대학원 강남순 교수가 쓴 책 '코즈모폴리터니즘이란 무엇인가' 동녘·2022 를 읽다가 몇 대목에 눈길이 더 오래 갔다.

"예수의 메시지에서 핵심은 '사랑'이다. 또한 사랑의 다른 이름은 환대다. 많은 경우 사랑은 추상적 영역에 머물러 있는데, 사랑이란 매우 구체적인 것이다. 사랑에서 가장 중요한 것은 서로에 대한 보살핌이다. 따라서 어려움에 처한 사람들에 대한 책임적 보살핌이라는 사랑의 심오한 차원은, 어떠한 종교적 교리나 체제에 대한 것이 아니라 매우 구체적인 인간적 환대에 관한 것임을 드러낸다. … 기독교가 아닌 종교에 속해서 구원받지 못하는 것이 아니라, 환대와 사랑의 행위를 하지 않는 이들이 '구원'받지 못한다는 것이 예수의 최후의 심판 비유의 핵심이다." 261~262

"낯선 이들에게 환대를 베푸십시오. 로마서 12:13 "

사도 바울 268

"종교란 책임성이다. 그렇지 않다면 아무것도 아니다."

자크 데리다 202

　이천영 목사가 신조야 씨를 만나 '자기 일도 아닌 일'에 발 벗고 소매 걷고 뛰어다니며 도운 태도가 '환대'였다는 생각이 든다. 그 환대의 마음은 신조야 씨에게 전해졌다. 신조야 씨는 2022년 3월 2일 고려인마을 내 GBS 고려방송 개국 기념 인터뷰에서 이런 말도 했다. " **2001년 당시 광주에 정착한 고려인들이** 조상의 땅에 돌아와 언제 쫓겨날지 모르는 불법체류자로 살아가는 안타까운 현실에 슬픔 아닌 분노가 솟았습니다."

　2000년대 초, 체불·차별·불합리·손해에 시달리던 고려인은 신조야 씨 말고도 아주 많았다. 두 사람은 이런 문제를 해결해야겠다고 마음먹었다. "2002. 06. 고려인의 대모 신조야 씨, 어려움에 처한 고려인 동포들을 틈틈이 돕기 시작하다. 2005. 09. 고려인공동체 산하 상담소 개소. 고려인 동포 지원사업 시작." **고려인마을 홈페이지의 연혁 중**

　고려인마을 한 관계자에 따르면 이에 앞서 2004년께 두 사람은 작은 상담소를 하나 설치했고 2005년 고려인공동체

**고려인마을**를 설립했다고 한다.

이천영 목사의 회고담을 조금 들어봤다. "하여간 우리 신조야 고려인마을 대표가 대단해요. 우리는 '대통령'이라고 부르면서 존경해요. 20여 년간 온갖 어려운 일을 도맡았고, 월곡동 고려인들의 중심이 되어주었지요. 초창기엔 이곳 고려인 동포들이 어려움에 굴복하거나 일탈하지 않도록 사람들 마음을 다잡기도 했습니다. 올해 우크라이나가 러시아에 침공당했을 때 우크라이나 고려인들이 광주 고려인마을로 탈출해 올 수 있었던 것도 신조야 대표가 중심을 잡고 모든 연락을 받으며 네트워크를 만든 덕분이에요."

## 환대는 환대를 낳고

이천영 목사는 신조야 대표에게 공을 돌리면서 본인은 공헌한 게 별로 없는 뒤로 빠지려는 듯한 자세를 보였다. 하지만 그가 얼마나 대단하게 고려인마을에 이바지했는지 알 만한 사람은 다 안다. 극히 일부 사례일 뿐이지만, '뉴스레터' 이야기를 하지 않을 수 없다.

많은 문화·예술·시민단체가 '홍보의 어려움'을 호소한다. 고려인마을 뉴스레터가 거둔 '완벽에 가까운 성공'을 참고해 보시라고 권한다. 초창기에는 '날마다 어떻게든' 만들어내, 보내주는 뉴스레터에 감동했는데, 갈수록 내용이 훨씬 풍성해지는 것을 느꼈다.

　일간지에서 일하는 기자로서 나는 이런 일이 얼마나 고되고 힘들고 까다롭고 보람 있는지 조금은 안다. 고려인마을은 뉴스레터 독자를 점점 **무작정** 확대한 끝에 홍보의 놀라운 성공사례를 창출했다. 이천영 목사가 크게 이바지했음을 두말할 나위 없다.

　이런 식으로 고려인 어린이들을 위해 연 새날학교를 거뜬히 성공시켜 대학생을 배출하고, 국내 최고 수준의 중앙아시아 고려인 역사 문화 전문가 김병학 시인을 영입해 고려인 역사유물전시관을 개관하는 등 이천영 목사의 공헌은 지대하다는 것이 주위 평가다. 환대가 환대를 낳는 구조가 만들어진 것이다.

전시물을 해설하고 있는 월곡고려인문화관 '결' 김병학 관장

## 광주를 세계적 평화도시로 만들다

그래서 고려인마을은 2005년 설립 이래 어떻게 변했는가? 신조야 대표가 2001년께 맨 먼저 정착하면서 조성되기 시작한 고려인마을은 2017년 고려인 4천여 명 규모였다. 이번에 갔더니 7천여 명으로 늘었다. 김병학 관장은 "이 주변에 딱히 큰 공장이나 풍부한 일자리가 있는 것도 아니다. 이곳의 고려인 동포 다수는 일용직 일자리를 그때그때 구하거나 농촌으로 일하러 간다. 고려인마을이 이렇게 유명해지고 자리를 잘 잡은 것은 광산구, 광주시의 환대, 이천영 목사와 신조야 대표 같은 분들의 환대, 먼저 들어와서 사는 고려인들의 환대가 낳은 것 같다"고 말했다.

월곡고려인문화관 결, 고려인 역사유물전시관 숨결, 주민소통방 금결, 고려인종합지원센터, FM 93.5 GBS 고려방송 **인터넷 홈페이지를 바탕으로 전 세계로도 송출된다**, 홍범도공원, 지역아동센터, 어린이집, 진료소, 법률지원단, 협동조합, 새날학교, 중앙아시아 고려인 동포들이 차린 음식점이 즐비한 고려인마을 특화거리, 여기에 고려인마을 여행 프로그램을 가동하는 여행사 달빛문화 탐방과 수많은 해설사 ….

지금도 유명세를 타는 고려인마을은 '관광객 천만 시대를 향한 역사마을 1번지'라는 비전을 설정했다. 환대가 낳은 월곡동의 명물을 넘어 광주를 '동포를 반기고 품어주는 평화의 도시'로 만들고 있다.

## 고려인마을로 '환대 여행'을

더 중요한 것이 있다. 환대가 환대를 낳는 선순환 고리다. 이천영 목사의 설명이다. "우크라이나 전쟁이 터지자 고려인마을이 우크라이나 전쟁 난민 고려인 동포를 받아주는 환대의 고장으로 떠올랐죠. 국내외 언론 매체는 말할 것도 없고 CNN, BBC, NHK 같은 외국 매체도 취재 오면서 고려인마을이 널리 알려졌습니다. 그게 어떻게 시작된 줄 아세요? 우리 마을에 고려인 동포가 운영하는 식당과 가게가 많은데 그중에 '고려인마을 가족 카페'가 있어요. 그 식당을 하는 전올가라는 분이 '내가 여기 가방 하나 달랑 들고 와서 목사님과 신 대표님 만나가지고 자리 잡고 식당도 여러 곳 운영하면서 돈도 벌었습니다. 참 고맙습니다. 필요한 데 있으면 쓰세요' 하면서 가끔 돈을 한 뭉텅이씩 기부합니다. 전올가 씨가 전쟁이 딱 터지니까 3월 10일에 좋은 데 써달라며 500만 원을 또 가져온 거예요. 그래 그놈의 돈을 받았는데, 이 마을에 우크라이나 출신 고려인 동포가 260명 살거든. 이 사람들이 우크라이나에서 어려움에 처한 가족을 걱정하면서 애타게 돕고 싶어 했어요. 그래서 신조야 대표가 나서서 현지 피란 동포에게 비행기 표를 끊어준 것이 시작입니다. 우리는 묻지도 따지지도 않아요. 어려움에 처했다는 소식이 오잖아요. 그러면 일단 돈을 쏴버려. 무조건."

환대를 받은 전올가 씨가 보은으로 내놓은 돈은 '무조

건 비행기 값을 쏴주고 보는' 환대의 초대장이 되어, 어려움
에 처한 고려인 동포를 광주 고려인마을 품으로 불러들이
고 있다.

환대가 낳은 기적을 보고 싶은가? 나는 당신을 이 마을
로 데려가겠다.

방송국을 설명하는 이천영 목사

# 고영란

월간 예술부산 기자, ㈔한국예술문화비평가협회 사무국장과 계간 『예술문화비평』 편집장을 지냈다. ㈜상지건축 대외협력본부장으로 인문학아카데미를 기획, 진행하고 있으며 인문 무크지 『아크』 편집장이다.

# 마을미술이
# 환대가 되기까지
### 감천문화마을 진영섭 작가 인터뷰

6월 10일, 지역신문 인터넷판, '부산 사람은 절대 안 가는 관광지 TOP3' 기사에 감천문화마을이 들어가 있다. 기자는 친절하게 직접 찾아가 찍은 유튜브 동영상까지 올려놨다.

'오래간만에 찾은 감천문화마을은 평일임에도 불구하고 사람들이 꽤 많았다. 국내 관광객은 물론 해외 관광객도 하나둘 눈에 들어왔다. 관광객은 마을의 골목 사이사이를 지도를 들고 돌아다녔다. 도시재생 초기, 그래도 관광객은 '조심성'과 '존중'을 가지고 있었다. 원주민의 삶에 피해를 끼치지 않겠다는 마음가짐. 그러나 지금은 다르다. 너도나도 한 손에는 지도를 들고 스탬프를 찍으며 마을 곳곳을 누빈다. 원주민의 삶은 전시되고 상품이 된다'며 관광객으로 인한 몸살로 원주민은 마을을 떠났다고 했다. 원주민이 소외된 관광지가 무슨 소용이 있냐며, 감천문화마을 점포 87개 중 43개 49%가 마을 주민이 아닌 외지인이 운영하며 수익을 내고 있기에 최악의 관광지로 꼽았다는 것이다.

기자는 정말 '감천문화마을'을 알고 있기는 한 걸까. 감천문화마을에 조금이라도 관심이 있었다면 이렇게 가볍게 기사를 쓰진 않았을 거다. 감천이 왜 개발이 아니라 재생을 했으며, 한때 유행처럼 지나가는 관광지가 아니라 2009년부터 10년이 훌쩍 지난 지금까지 점점 더 많은 사람들이 찾아오는 곳이 되었는지 알아보았다면 그리 쉽게 말하진 않았을 거다.

"누구는 감천이 아주 좋은 사례라고 하고, 누구는 나쁜 사례라고 한다. 제 입장에서는 잘했다고 생각할 수 있지만, 잘하지 못한 부분도 있다. 좋은 뜻으로 시작했는데 비난을 받으면 계속해야 하나는 생각이 들 때도 있다. 누가 뭐라든지 이 일을 끝까지 해야겠다는 생각이 있었고 시작할 때 주

「감천문화마을 미니어처」, 진영섭

민들에게 최소 10년은 하겠다고 약속했다."

2009년, 진영섭 작가의 '꿈을 꾸는 부산의 마추픽추'가 문화체육관광부의 마을미술프로젝트 공모에 당선된 것이 감천문화마을의 시작이었다. 당시 진 작가는 장림공단에서 레지던시 공간 〈아트팩토리 인 다대포〉를 운영하고 있었다. 감천 2동 주민들을 초대해서 공간을 보여주고 작가라고 아무리 말해도 주민들은 그냥 부동산 아저씨, 진 사장이라 불렀다. 마을 사람들은 진 작가에게 본인들의 집을 얼마에 팔수 있는지 알려줬다. 재개발·재건축으로 여기저기서 개발 이야기가 나오던 때였다. 하지만, 감천은 어느 것도 진행할 수 없는 상황이었다.

감천마을은 한국전쟁 이후 피난민들과 태극도를 중심으로 만들어진 곳이다. 감천 1동과 2동의 분위기는 사뭇 다른데 감천문화마을이라 불리는 곳은 감천 2동으로 산동네다. 감천에 산다는 것을 창피하게 생각하는 사람들도 있었다. 아이들은 자라면 감천을 떠났고 어르신들만 대부분 남아 있었다.

"관광지가 아니라 우리끼리 재밌게 사는 곳, 주민들이 행복한 마을을 만드는 게 목표였다."

진영섭 작가는 그래서 마을미술프로젝트의 대부분은 주민들하고 함께할 수 있는 커뮤니티아트 위주로 계획을 세웠다. 그리고 '관용'적인 마을이 됐으면 하는 바람을 품었다. 아침에 가보면 동네 할아버지들은 벌써 술이 반쯤 불콰하게 올라와 있고 할머니들은 고스톱을 치고 있었다. 작품 몇 개를 마을에 전시한다고 달라질 거라는 생각은 하지 않았다. 작은 목표가 있었다면 아이들에게 우리 마을은 좀 특별하다는 자긍심을 심어 주고 싶었다.

주민들은 이런 거 할 돈 있으면 차라리 라면을 사주든지, 텔레비전을 사달라는 이야기를 했다. 시간이 지나면서 열정적으로 작업하는 작가들의 모습을 지켜본 주민들은 물도 떠주고, 막걸리도 받아주고, 수박도 사주고 하면서 마을이 좋아지기를 함께 바랐다.


진영섭 작가는 공공미술프로젝트가 도시재생의 한 방법이라고 알고 있지만 작업하는 동안 내내 생활환경 개선이 먼저가 아닐까 하는 질문을 끊임없이 했다. 마을 주민들의 자긍심을 높이고 창의적인 공동체를 만들고 싶었지만 시작할 당시, 디테일한 계획은 없었다.

마을미술프로젝트 '꿈을 꾸는 부산의 마추픽추' 사업을 1년 마친 후 함께 작업을 진행했던 백영제 교수는 우리가 하는 작업으로 주민들의 생활환경을 어떻게 더 좋게 하는가가 중요하다고 했다.

그냥 스쳐가며 보는 것과 직접 들어가서 보는 것은 다

르다. 마을에 들어가 보니 말도 안 되는 환경이 끊임없이 보였다.

제일 문제는 화장실이었다. 공동화장실을 쓰는 집이 많았다. 실제 조사해보니 집이 따닥따닥 붙어 있어서 정화조를 놓을 틈이 없었다. 정화조가 있는 집은 부엌 바닥이나 방 바닥에 있었다. 장판을 걷어내면 그 밑에 통이 있었다. 그런 저런 것들이 눈에 들어오기 시작하면서 진 작가는 '내가 예술을 하고 예술 기획을 하는 사람인데 경계를 어디까지 두고 뛰어넘어야 하나는 고민을 했다. 예술을 하려고 이런 것들까지 다 수발해야 하나, 예술이 궁극적으로 인간을 위한 것이라면 이런 일들도 의미 있는 일이 아닐까, 두 가지를 놓고 고민에 빠졌다.

뭔가를 할 때 위대한 계획보다 태도가 더 중요하다. 이대로 손을 놓고 떠난다면 앞서 했던 것들의 의미는 사라지고 감천 사람들에게도 선한 영향력을 주지 못한다는 생각은 처음부터 염두에 두고 있었다. 공공미술프로젝트의 성공 사례보다 실패 사례를 더 많이 조사했기 때문이다.

대부분 실패 사례는 자기가 좋아서 시작하고 스스로 떠난 거였다. 처음에는 마을이 너무 좋아서 시작했지만 주민들하고 의견이 안 맞든지, 갈등이 생겼을 때 해결하지 않고 떠나버리면 그 다음 사람이 와서 일하기 정말 어려워진다. 공공미술은 직장처럼 업무를 인수인계할 수 있는 것이 아니기 때문이다.

진영섭 작가는 함께 프로젝트에 참가했던 백영제 미학·이명희 서비스 디자인 교수와 본격적으로 마을 만들기를 시작했다. 의사 결정을 할 수 있는 주민협의회부터 구축했다. 마을 전체를 위한 주민협의회를 만들고, 세부 부서를 만들어 마을 기업 시스템을 구축했다.

'꿈을 꾸는 부산의 마추픽추' 사업이 끝나고 바로 '미로미로 프로젝트'를 시작했다. 앞의 프로젝트가 마을미술이라면 미로미로 프로젝트는 관광 활성화가 목적이다.

진 작가가 공모에 지원하고 심사 받으러 갔을 때 지원한 다른 곳들은 각 고장의 특산품, 축제 등 상품을 들고 왔다. 그와 달리 산동네 감천을 들고 간 진 작가를 보고 심사위원들은 황당해했다.

"내가 마을에 간 이유가 돈이었다면 돈이 없으면 떠날 것이다. 그런데 나는 이곳에서 돈보다 사람들의 관계가 살아있는 매력을 느꼈다. 이곳에 사는 주민들이 자긍심을 가질 수 있었으면 좋겠다. 그리고 열린 마음으로 타인을 수용하고 또 다른 관계를 맺어 나갈 수 있도록 감천을 문화마을로 만들겠다"는 그의 진심은 통했다.

주민들에게 당장 급한 것은 먹고 사는 것의 문제였다.

타인

「어린왕자」, 나인주

주민들은 대부분 노인들이었기에 제일 좋은 것은 마을에서 일하고 수익을 조금 가져갈 수 있는 거였다. 몇 명이라도 그렇게 살 수 있는 구조를 만들었으면 했다. 관광객이 좀 왔으면 좋겠다는 주민들의 이야기가 있었다. 보편적으로 사람들은 관광객이 온다고 말하지만 감천은 관광지가 아니라 주거지이기에 방문객, 방문자라 부르기로 했다. 감천에 방문객이 온다면 어떻게 맞이해야 할 것인가에 대한 '서비스 디자인'에 대해 고민하기 시작했다.

마을에는 여러 이해 관계자들이 있다. 공무원, 주민 대표, 주민협의회, 주민, 예술가 등 다양한 이해 관계자들이 무엇을, 어떻게 해야 할지에 대한 여정 맵을 서비스 디자인에 구축했다.

관광은 수익을 내야 한다. 진 작가는 주민들의 소득 창출을 위한 프로그램을 만들었다. 감천이 가진 공동체의 힘과 커뮤니티 아티스트 콜라보레이션으로 예술가들은 디자인하고 주민들이 만든 공예품을 상품화하기 시작했다. 요리를 배우고 싶은 주민은 요리학원과 협의해 교육을 받을 수 있도록 연결했다. 바리스타 자격증을 세 명이 동시에 따면 그 팀에게 '감내 카페'를 운영하게 했다. 이런 프로그램이 많을 때는 서른여섯 개까지 있었다. 마을에서 가게를 운영하는 다른 주민들과 겹치지 않게 아트숍, 게스트 룸, 마을 카페 세 개, 식당 두 개 등을 열었다. 그리고 소금공장도 만들었다. 감천 소금은 한국 식약청이 아니라 FDA에서 승인 받았다. 국제적인 공신력을 높이기 위해서다.

감천문화마을은 관광을 통해서 어떻게 수익을 내고 분배할 것인지에 대한 매뉴얼을 만드는 것을 굉장히 중요시 했다. 주민협의회 회장이 누가 되더라도 잘 지킬 수 있도록 만들었다. 사단법인을 만들고 마을의 정기적인 수입을 가져올 수 있는 마을 기업, 또 하나는 마을 커뮤니티 조례를 만들었다. 마을 커뮤니티 조례는 다른 마을에서는 찾아볼 수 없는 사례. 사례가 없었기에 구의회 승인을 얻는 데 힘들긴 했지만 감천이 지속가능한 문화마을이 되기 위해서 필요한 것으로 선언적 의미를 담고 있다.

마을 안에 카페가 현재, 7·80개 정도 있는데 모두 주민들

이 하는 건 아니다. 외부인이 하는 것도 많다. 반반 정도 된
다. 처음에 주민들에게 하도록 권유하기도 했지만 세를 내
고 뭘 한다는 것에 대한 두려움이 많았다. 상인들끼리 갈등
도 잦았다. 계속되는 갈등의 경험을 통해 문제 해결 방법도
찾아가고 있다. 마을 안의 가게 중 80%가 무허가다 보니 가
게들이 좀 잘된다 싶으면 무허가 건물을 고발하는 일이 생겼
다. 구청하고 협의를 해서 주민들끼리 고소고발이 없으면 단
속하지 않는다는 원칙을 세우고 주민과 상인협의회를 구성
했다.

'감천문화마을 상인회'에는 감천문화마을의 모든 상인이
가입했다. 가입서 맨 밑에 '회원들끼리는 상호 고소고발하지
않는다'라고 써놓고 서명을 받았다. 물론, 그 후에도 고소고

감천 골목축제, 2015

발이 간혹 있긴 했지만 1년쯤 지나니 문제가 자연스럽게 해
결되었다.

"외부 사람들이 감천의 어떤 작은 갈등 하나를 가지고
감천의 위기라고 이야기하는 경우가 종종 있다. 나는 그분들
에게 선생님 집안에는 아무 문제가 없냐고 묻는다."

어디든지 사람 사는 곳에는 늘 갈등이 있기 마련이다.
갈등이 문제가 아니라 그것을 수용하고 해결하려는 자세가
되어 있지 못한 것이 문제인 것이다.

감천문화마을을 다녀간 후 원주민의 삶을 전시한다고,
심하게는 동물원 원숭이 보듯 입장료 **마을지도 구입** 를 내야한

「감천과 하나되기」, 문병탁

다고 말하는 사람들도 간혹 있다.

물론, 마을의 모습은 처음과 많이 달라졌다. 처음에는 일 년에 2만 명 정도 사람들이 방문했다. 그러다가 8만 명, 갑자기 30만 명, 이렇게 계속 증가하더니 팬데믹이 시작되기 전인 2019년에는 1년 방문객이 350만 명이었다. 그들을 환대하려면 여러 가지 서비스가 필요한데 감천문화마을을 위해 일할 수 있는 사람을 쓸 예산이 없었다. 무엇보다 지속적으로 수익을 창출할 수 있는 모델도 필요했다. 지도 판매는 마을 주민들이 주체적으로 일하고 마을을 가꾸고, 수익을 나눌 수 있는 시스템 구축을 위해서 시작했다.

진 작가는 실제로 다른 나라에서 마을 지도를 산 경험이 있었다. 일본의 한 마을에서 2천 엔을 주고 산 지도를 주민들에게 보여줬더니 주민들은 마을에 찾아오는 사람들에게 돈을 받으면 안 된다고 했다. 그런데 마을 지도를 계속 무료로 줄 수는 없는 노릇이었다. 처음에 마을 지도를 만들어 공짜로 나눠줬더니 돌아갈 때 다 버리고 가는 것을 보고 6개월 뒤 지도 판매를 시작했다. 옳다고 해서 일방적인 결정을 하는 것이 아니라, 시간을 두고 합의를 통해 일을 진행했다.

지도 판매로 인한 수익뿐 아니라 소금공장, 카페 등 마을에서 생기는 수익의 대부분은 인건비로 나간다. 물론, 모두 주민들에게 나가는 인건비다. 주민들 일자리를 창출하고, 교육프로그램을 가동시키고, 마을 전체에 쓰레기봉투를 나

뉘준다. 그리고 노인들이 제일 힘들어하는 집수리를 무상으로 해결해준다. 도배나 창문 수리부터 이불 빨래까지, 모두 마을 안에서 해결한다.

주민들은 삶을 전시하는 사람들이 아니라 마을 방문객을 맞이하는 사람들이다. 길을 가다가 헤매는 사람을 보면 여기, 저기로 가라고 알려준다. '마을 지도를 들고 어디부터 가야하나 고민하고 있는데 동네 꼬마가 처음부터 끝까지 자세히 가르쳐주어 고마웠다'고, 한 방문객은 자신의 블로그에 게시했다.

마을 입구에 전시되어 있는 물고기 작품 중 한 마리를 그린 할아버지는 서울에서 손자가 내려오면 마을 입구 물고기는 모두 자기가 작업한 거라고 자랑한다. 주민들이 참여한 작품은 모두 주민 개개인의 작품이 되어 있다. 그렇게 되면 물고기 하나가 떨어져도, 누가 낙서를 해도 바로 진 작가에게 전화가 온다.

"제가 원한 게 바로 그런 거다. 제가 옆에 있어도 본인이 다 했다고 말씀하신 할아버지처럼 마을 작품이 모두 주민들 각자의 것처럼 자랑스러워하는 것 말이다. 그리고 마을 주민들 중 S 팀장 같이 되겠다고 꿈꾸는 사람들이 많이 생겼으면 한다."

진 작가는 딴 마을 사람이면 별 관심도, 현실감도 없을 수 있지만 우리 마을 사람이 평범한 주부였다가 마을에서 공무원이 됐다면, 나도 저렇게 될 수 있다는 생각을 마을 사람들이 품을 수 있다고 한다.

　마을 입구 안내센터 직원이 된 S 팀장 이야기다. S 팀장은 4개 국어를 한다. 물론, 처음부터 그런 건 아니다. 중국사람, 일본사람 뿐 아니라 세계 곳곳의 사람들이 감천을 방문했다. 팬데믹 기간에도 한국 안의 외국인들은 꾸준히 찾아왔다. S 팀장은 처음에 일본어를 조금 하다가 중국어를 배웠다. 매일 외국인들이 마을을 찾아오니 자연스럽게 외국어가 늘었다. 그러다 무기 계약직 공무원이 됐다. S 팀장 같은 사람이 되고 싶어 마을해설사를 지원하는 사람들도 많이 생겼다.

커뮤니티아트

집등 달기

팬데믹 때는 방문객이 많이 줄었지만 감천문화마을에서는 2년 간 비대면 골목축제 감천집등 달기를 열었다. 마을 주민, 지역 곳곳의 학생들, 그리고 방문객들이 만든 종이집 등으로, '안녕 감천'으로 준비한 커뮤니티아트였다. 마을을 따뜻하게 불 밝힌 등에는 자기가 살고 싶은 집이 그려져 있다. 팬데믹으로 어렵고 단절된 시간을 감천이라는 공간에서 따뜻한 빛으로 만나 소통한 것이다.

거리두기가 끝나자, 감천문화마을에는 다시 방문객이 몰려온다. 2009년 마을미술프로젝트로 시작한 감천이 10년도 훨씬 넘게 문화마을을 이어갈 수 있는 힘은 '환대'에 있다.

집등 달기

　　예술가의 방문으로 시작된 마을미술프로젝트가 마을 주민들의 환대로, 그리고 방문객들의 환대로 이어지기까지는 드러난 것에서부터 보이지 않는 곳까지 해결해가는 '관용'과 '수용'의 반복된 과정이 있다. 한 번으로 끝나는 것이 아니라 계속 깊어지고 넓혀가는 환대의 파급 효과로 말이다.

# 권대오

'협동조합 산만디사람들'을 시작으로 도시재생 현장에서 10년을 일했다. 지금은 래추고 마을관리사회적협동조합 부이사장, 북항재개발범시민추진협의회 전문가 위원을 맡고 있다.

# 엑스포와 환대

## 환대받지 못한
## 조선박람회

1929년 조선총독부는 경복궁에서 조선박람회라는 이름의 엑스포를 열었다. 조선총독부의 집단 동원으로 관람객 100만 명을 달성했고, 일본은 식민지배 20년의 성과를 과시하고 자축했지만 왕궁을 행사장으로 빼앗긴 우리에겐 환영할 수 없는 행사였다. 서양의 제도와 기술을 받아들인 일본은 식민지 조선의 왕궁을 일제 지배의 정당성을 과시하기 위한 박람회장으로 만들어버렸다.

조선박람회가 열린 지 100년이 지난 2030년 부산은 대한민국 최초의 등록엑스포를 유치하려 하고 있다. 세계박람회는 1851년 영국 수정궁에서 처음 열렸고 프랑스, 벨기에, 스페인 등 유럽국가와 미국을 중심으로 개최됐다. 일본은 1970년 아시아 최초 엑스포를 개최했다. 오사카시에서 열린 이 박람회는 6천만 명 이상이 방문해 역대 엑스포 2위의 방문객을 기록했다. 오사카시는 2025년에도 엑스포를 개최할 예정이다.

조선박람회 조감도 ⓒ국립민속박물관

## 환영받지 못한 개항

　1929년 조선박람회가 환영받지 못한 박람회였던 것처럼 1876년 부산포개항도 환영받지 못한 손님이었다. 대항해시대를 지나고 산업혁명을 거치면서 자본주의 세계질서가 확산되고 과학혁명의 시대가 열리고 있었지만, 조선 그리고 부산은 과거의 질서를 버리지 못했고 세상의 변화와는 담을 쌓고 있었다.

미국은 1853년 페리 제독이 이끄는 군함 4척을 앞세워 일본을 강제 개항시켰다. 일본은 1875년 군함 운요 호를 앞세워 조선을 강제로 개항시켰다.

조선과 일본 모두 외세의 강압에 의해 개항되었지만 개항 이후 선택은 서로 달랐다. 일본은 메이지유신을 통해 통치체제를 바꾸며 자발적 근대화의 길을 갔지만 조선은 통치체제의 혁신을 이루지 못했다.

자율과 타율, 그 차이는 컸다. 조선은 자발적 근대화의 기회를 갖지 못했고 부산 또한 외세의 필요에 맞게 설계된 근대화 경로를 강요당했다.

부산포 개항 이전 부산은 '동래부'가 행정의 중심이었고, 부산 **부산포 또는 부산진** 은 부산진첨사가 지키던 남쪽 최전선이었고 부산진성이 그 주둔지였다.

일본은 부산을 강제 개항 시킨 후 과거 초량왜관이 있었던 곳을 중심으로 부산을 개발하기 시작했다. 1부두와 세관이 들어오고, 철길이 놓이고 부산역이 세워졌다. 해안가는 매립되어 신도시가 형성되고 동천 주변에 조선방직이 들어왔다.

이 과정에서 부산의 상징 부산진성은 무너졌고 일본이 주도한 근대화는 환대받지 못했다.

## 무너진 부산의 상징,
## 부산진성

일본은 약 300년의 기간을 두고 조선의 최남단 군사기지 부산진성을 두 차례나 무너뜨렸다.

1592년 4월 13일 임진년 일본은 부산을 침략했다. 부산진성은 함락됐고 부산진첨사 정발 장군과 주민은 살육당했다. 왜군은 부산진성을 허물고 그 자리에 일본식 성을 다시 쌓았다. 이때 쌓은 왜성의 흔적은 지금도 증산공원 정상부에 남아 있다.

증산공원이라는 이름조차 일본성에서 유래됐다. 정상을 깎아 평평하게 만들고 그 위에 천수각을 지었다. 일본성의 모양이 떡시루처럼 생겨 시루 증甑을 사용했다.

왜성의 흔적과 이름은 자성대에도 남아 있다. 임진왜란 당시 왜군은 증산 왜성을 본성 또는 모성으로 삼고 자성대 왜성을 자성 또는 지성으로 삼았다.

임진왜란으로 기존 부산진성이 무너지면서 조선은 왜군이 새로 쌓은 자성대 왜성을 고쳐서 부산진성으로 삼았다. 부산진성은 1920년대까지도 성곽과 성문을 유지했으나 경부선 철로, 조선방직 등이 생기면서 원형을 잃었고 일본은 조선 통치체제의 상징인 '부산진성'을 민간에 불하하면서 흔적을 지웠다.

일본에 의해 사라진 '부산진성'은 지역 주민의 노력으로

터

다시 살아났다. 래추고 마을관리사회적협동조합 정순태 이
사장의 제안으로 부산진성 이름 바로 세우기 100회 릴레이
가 이뤄졌다. 부산시장이 마지막 주자로 참여했고 '자성대공
원'은 '부산진성공원'으로 되살아났다.

2030 부산 세계박람회가 열릴 자성대부두 또한 2030년
이 되면 새로운 이름을 가지게 된다. 그곳에 우리 이름 '부
산진성 미래관'을 지어 엑스포를 찾는 세계인을 환대해보자.

자성대가 아니라 부산진성입니다. 100인 릴레이

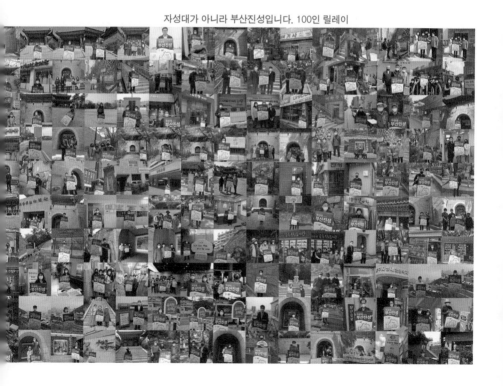

## 잃어버린 바다

부산에는 전세계적으로 유명한 해운대해수욕장은 있지만 정작 '부산해수욕장'은 없다. 해수욕장이 될 수 있었던 동천 하구 해변은 매립되어 미군 55보급창이 들어섰다. 초량 해변은 부산역과 철도시설, 그리고 항만시설이 들어왔다. 수정동 좌천동 앞 바다도 매립됐고 우리나라 최초 컨테이너 전용부두인 자성대 부두가 만들어졌다.

부산의 해안은 일본의 대륙침략을 위해, 미군의 군사전략을 위해, 대한민국의 성장과 산업화를 위해 사용됐고 부산의 아이는 외지인에게 바다를 빼앗겼다. 빼앗긴 바다를 부산

2006 부산항(북항)재개발마스터플랜 요약보고서 중

타운

시민에게 돌려준다는 북항 재개발 사업이 2006년 시작됐다. 이때도 부산 앞 바다는 부산시민이 아닌 국가의 바다였다.

북항 재개발 최초 계획은 초고층 건물이 들어오는 상업 개발이었다. 노무현 대통령은 계획을 보고받고 '부산시민이 슬리퍼를 끌고 찾을 수 있는 북항 재개발'을 요구했다. 첫 계획은 수정됐고 우여곡절 끝에 2022년 5월 부산 앞바다가 드디어 부산시민에게 돌아온다. 그러나 부산역에서 내린 손님을 환대할 '부산해수욕장'은 없다. 사업 초기 구상했던 인공 해수욕장은 사라졌고 시민의 바다는 아직도 멀기만 하다.


## 산복도로는 환영하는가?

바닷가에 280미터까지 건물을 지을 수 있는 땅이 있다. 전 세계적인 호텔을 만들겠다고 땅을 받아간 업체는 생활형 숙박시설이라는 편법 주거시설을 가져왔다. 구청장이 나서서 부산시에 허가취소를 요구하고 부산시도 난개발을 막아야 한다고 공감했다.

그러나 같은 시간 다른 공간인 북항 재개발 2단계 구역에는 초고층 건물이 허용되고, 생활형숙박시설이 주요시설로 들어갔다. 심지어 주거시설까지 대대적으로 허용되는 계획안을 부산시가 제출했다.

2010년 2월 부산발전연구원은 산복도로 르네상스 기본

구상을 발표한다. 산복도로를 재생하겠다는 원대한 프로젝트에 1,000억원의 사업비가 배정됐다. 부산역과 산복도로를 연결하는 에스컬레이터도 만들겠다고 발표했다. 지금 산복도로 어디에도 그 에스컬레이터는 없다.

산복도로 따라 만든 전망대는 해안가에 들어선 고층아파트에 가려버렸다. 이미 초고층 건물이 계획된 곳이었지만 도시재생 전문가들은 그곳에 전망대를 만들었다.

산복도로 르네상스 사업으로 만들어진 각종 거점시설은 결국 산복도로를 변화시키지 못했다. 사업비를 독점한 전문가 집단은 지속가능한 도시재생 모델을 만들지 못했고, 실패한 도시재생 모델을 사업지를 바꿔가며 주민들에게 강요하고 있다.


## 강요되는 희생의 관성

일본에 의한 강제 개항, 식민지배를 위한 개발, 산업화를 위한 희생! 나라가 힘이 없었고 침략을 당했고, 가난을 극복하기 위해 환영할 수는 없었지만 그 희생을 이해할 수는 있었다. 그러나 지금 부산시민이 감내해야 하는 희생은 더이상 이해하기 어렵다.

신선대, 감만부두의 컨테이너 화물을 나르던 우암선 철길은 멈췄다. 부산진역 컨테이너 수송 기능도 곧 부산신항역

끊어진 지 오래된 55보급창 진입 철도

으로 이전한다. 미군 55보급창과 연결된 철길도 끊어진 지 오래다. KTX 본선이 지하터널로 들어오면서 부산을 동서로 가르는 지상 경부선 철길도 효용을 잃어가고 있다.

국가의 필요에 따라 설치된 기간시설들은 이제 더 이상 필요하지 않지만 여전히 그 자리를 지키며 부산의 희생을 강요하고 있다. 환영받지 못하지만 관성의 힘은 오늘도 계속된다.

## 시대교체, 생각의 전환

부산은 2030엑스포를 유치하려고 한다. 부산 스스로 세계인의 방문을 환영하기 위해 부산항을 열고 있다. 외세의

헌대와 포스히

필요에 따라 국가의 필요에 따라 디자인된 도시 부산이 스스로 깨어나고 있다. 왜구의 침략을 경계하고, 외세의 침략을 경계해 자물쇠를 굳게 닫았던 도시 부산이 스스로 외지인을 부산으로 부르고 있다.

부산은 항구도시다. 항구도시는 대륙과 해양을 연결한다. 항구도시는 마음이 열리고 다양한 문화를 품어야 부흥하는 숙명을 안고 태어났다.

부산은 산업화시대 가졌던 생산공장 기능, 수출화물 송출 기능에서 경쟁력을 잃었다.

부산항이 세계 6위의 물동량을 유지하는 것도 세계 2위 규모의 환적화물 덕분이다. 수출공장이 사라진 자리, 컨테이너 물류가 사라진 자리를 대체할 산업을 키우기 위해 이제 다른 방식을 생각해야 한다. 다양한 문화와 산업을 받아들이는 열린 항구도시, 앞으로 부산이 추구해야 할 가치다.

우선 열린 항구도시로 가기 위한 장애물을 제거해야 한다. 과거에는 꼭 필요했지만 지금은 걸림돌이 되고 있는 시설을 제거해야만 새로운 기회가 열린다.

먼저 바다를 부산시민에게 돌려줘야 한다. 컨테이너야적장 CY 과 부두가 있던 자리는 컨테이너 대신 사람이 모여야 한다. 미군 55보급창과 미군 8부두는 부산신항으로 옮겨질 때 군사전략적 가치를 유지할 수 있다.

경부선 철길도 이젠 해결해야 한다. 일제의 강제 개항으

터닝

로 만들어진 철길을 걷어내는 것은 그동안 부산이 감내한 희생에 대한 당연한 보상이다. 그것이 어렵다면 부산역을 부산진역으로 옮기고 구포 방향 KTX를 부전역으로 재배치해서 지상 철길을 없애는 제3의 방안도 있다.

2030 부산세계박람회는 더 이상 필요하지 않은 과거를 정리할 최적의 기회다. 외세와 국가의 필요에 의해 강요됐던 부산항의 쓰임새를 부산시민이 스스로 선택할 기회다. 세계박람회는 각 국가의 첨단 기술이 선보이고 미래의 모습이 전시되는 공간이다. 2030 부산세계박람회가 열린다면 자성대 컨테이너 부두, 우암부두, 미군 기지였던 곳을 무대로 세계 각국이 최선을 다해 준비한 미래산업이 펼쳐질 것이다.

2030 부산세계박람회 전시공간에서 부산시민은 부산의 새로운 미래에 대한 영감을 스스로 얻게 될 것이다.


## 계획에서 소외된 원도심, 참여는 환대의 기본

그러나 부산항을 새롭게 설계하는 북항 재개발 계획과 2030 세계박람회 주요 계획은 공개되지 않고 있다. 시민이 주도하는 북항 재개발을 하겠다며 북항 재개발 2단계 사업에 참여한 부산시는 '북항재개발범시민추진협의회'를 결성만 했을 뿐 제대로 된 논의를 하지 않고 있다. 북항 재개발 지역 주민들은 그 자리에 초대도 받지 못했다.

산복도로 르네상스 사업이 실패하고 원도심재생을 위한
뉴딜사업이 실패한 이유는 간단하다. 그곳에 살지 않는 사
람들이 계획하고, 그곳에 살지 않는 사람들이 정보를 독점
하고 예산을 독점하기 때문이다. 그 잘못을 북항 재개발, 그
리고 2030부산세계박람회를 준비하는 과정에서도 반복하고
있다.

일본이 도입한 근대문물과 제도를 환영하지 못했던 것
은 강요된 변화였기 때문이다. 부산의 개항과 산업화는 타인
에 의해 강요됐고 환영받지 못했다.

스스로 변할 때 그 변화는 환영받는다. 선택을 위한 충
분한 정보가 제공되고 변화의 성과가 공정하게 분배되어야
한다.

세계로 열린 부산항, 세계인이 찾는 2030 부산세계박람
회가 부산시민의 환대를 받기 위한 조건은 간단하다.

모두가 정보를 공유하고, 모두가 의견을 내고, 참여하는
제도를 만들면 된다.

첫 열쇠는 모든 정보와 계획의 공개다.

터오

부산은 2030엑스포를
유치하려고 한다.
부산 스스로 세계인의 방문을
환영하기 위해
부산항을 열고 있다.
외세의 필요에 따라
국가의 필요에 따라
디자인된 도시 부산이
스스로 깨어나고 있다.
왜구의 침략을 경계하고,
외세의 침략을 경계해
자물쇠를 굳게 닫았던
도시 부산이 스스로 외지인을
부산으로 부르고 있다.

# 강동진

역사환경 보전에 중심을 둔 도시설계를 배웠고, 현재 경성대학교 도시
공학과에 재직 중이다. 근대유산, 산업유산, 세계유산, 지역유산 등을
키워드로 하는 각종 보전 방법론과 재생 방안을 연구하고 있다. 지난
20여 년 동안 영도다리, 산복도로, 캠프하야리아, 북항, 동천, 동해남부
선폐선부지, 피란수도부산유산 등의 보전운동에 참여하였다. 현재 문
화재청 문화재위원, 이코모스 한국위원회 이사 등으로 활동하고 있다.

# 부산과 부산항, 그 존재의 의미

## 백산 白山 은 왜 부산에 왔을까?

백산 안희제 1885~1943 는 경남 의령 출신으로 보성전문학교와 양정의숙에서 공부를 했다. 을사늑약 1905 으로 일제에 외교권을 빼앗기며 풍전등화 가운데 망국의 길을 걷던 때, 백산은 "국가가 망해 가는데 선비가 어디에 쓰일 것입니까" "어찌 산림간 山林間 에 숨어서 부질없이 글귀만 읽고 있겠습니까"라고 고뇌하며 신학문 배우기를 스스로 자청하고 서울로 향했다. 그의 결연한 의지는 교남교육회, 의신학교와 창남학교, 구명학교, 백산상회, 조선주조주식회사, 대동청년단, 독립순보, 민립대학설립운동, 협동조합운동, 동아일보, 중외일보, 기미육영회, 발해농장과 발해학교까지 무수한 항일투쟁의 행적으로 이어졌다. 백산은 대한제국기와 일제강점기에 걸쳐 민족교육과 계몽, 그리고 민족자본 조달에 전력을 기울였던 특별한 독립운동의 선구자였다.

백산은 양정의숙 재학 시에 교남교육회를 설립하여 가난한 학생들에게 학비를 지원하고 지방을 돌며 민중계몽운동을 시작했다. 그때 설립한 학교가 의령의 의신학교와 창남학교, 부산 구포의 구명학교였다. 이후 백산이 구명학교 현 **구포초등학교** 의 교장을 맡으며 부산과의 인연이 본격화되었다. 1909년 백산은 항일비밀결사단체인 대동청년단을 조직하여 부산을 중심으로 활동을 전개했다. 독립자금 확보의 필요성을 인식한 그는 구국운동의 새로운 돌파구가 된 백산상회 白山商會 를 이유석, 추한식 등과 함께 부산에 설립했다. 그때가 1914년이었고 곡물, 면포, 해산물 등을 거래했던 백산상회는 주식회사로 발전하며 한때 부산 최대 기업으로 성장하였으나, 독립자금 공급처라는 사실 발각과 일제의 탄압으로 1927년 문을 닫았다. 이후 백산은 부산을 떠났다.

백산과 부산의 조우에 있어 1919년은 정점을 이룬다. 자료들을 살펴보니 3·1 만세운동을 전후한 각종 항일투쟁의 기록들 가운데 백산과 백산상회의 활약이 다양하게 발견된다. 특히 상해임시정부의 재정 조달과 연결된 백산과 백산상회의 역할은 큰 의의를 가진다. 백산이 항일투쟁의 동지였던 우산 右山 윤현진 1892~1921 을 상해로 보내 임시정부의 재정 차장을 맡도록 하고, 임시정부의 재정 문제를 해소하는데 크게 공을 세우게 한 것은 널리 알려진 사실이다.

1919년 2월 15일, 17일로 기록하기도 한다. 기모노를 입은 한 여성이 부산항 제1 부두에 도착했다. 그녀는 여성으로서 항일투쟁의 선봉에 섰던 김마리아 열사 1892~1944 였다.

1919년 도쿄 조선기독교청년회관에서의 2·8 독립선언 후, 이 사실을 국내에 알려 독립운동을 촉구해야 한다는 열사의 결단은 3·1 만세운동의 불씨가 되었다. 열사는 기모노를 입은 채 미농지에 옮겨 쓴 10여 장의 2·8 독립선언서를 숨긴 채 제1 부두를 통해 백산상회로 숨어들었다. 당시 백산상회는 항일비밀결사운동의 은신처였기에, 열사는 그곳에서 신한청년당 상해 의 부산 밀사였던 둘째 고모부 서병호 와 임시정부 부주석을 지낸 김규식의 아내이자 독립운동가였던 셋째 고모 김순례 를 만났다. 백산상회는 무역을 하던 회사를 넘어, 해외 독립운동을 지지하던 거점이자 독립운동의 전파소로 기능했던 것이다.

지금은 사라진 동관길의 백산상회 ⓒ연합뉴스

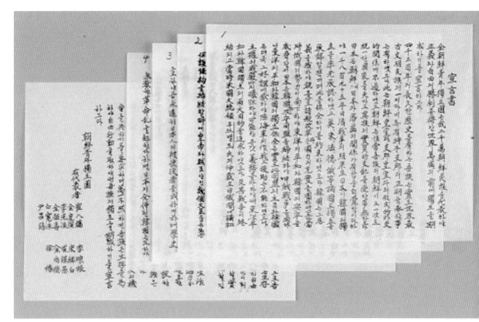

총 5매로 구성된 2·8독립선언서 ©우리문화신문

    의문이 든다. 백산은 왜 서슬 퍼런 일제 경찰들의 감시
가 극심했던 부두에서 불과 600여 미터 이격된 이곳에, 또한
일인들이 득실거리던 전관거류지 내에 백산상회를 설립했
을까? 무역회사였기에 어쩔 수 없는 선택이라 여겨지며, 또
한 국외와의 소통이 필수였던 독립운동을 위해, 그리고 등하
불명의 위장을 위한 선택이었던 것으로 짐작된다. 백산상회
는 부두에서 걸어서 채 10분이 걸리지 않는 곳, 부산역에서
는 불과 5~6분 거리에 자리했으니 이곳을 거치며 위안을 받
고 몸을 추스르던 사람들이 어찌 김마리아 열사뿐이었으랴.

부산항은 그런 곳이었다. 1912년에 탄생된 제1 부두는 질곡과도 같았던 36년을 버티며 일제의 침략 도구로 사용되었지만, 그 한계를 통과하고 극복해야만 해방을 꿈꿀 수 있었기에 보이지 않는 치열한 항일투쟁의 현장으로 사용되었다. 부산항을 품은 부산 또한 그런 도시였다. 30만 도시였던 부산은 해방을 맞아 10만 이상의 귀국동포들을, 또한 연이은 전쟁으로 몰려든 100여 만에 이르는 피란민들을 떠안으며 불과 6~7년 만에 100만 도시가 되어 버렸다. 3명이 살기에도 빠듯한 집에 갑자기 10명이 넘는 사람들이 함께 살아가야 한다면 그 집의 상태는 어찌될까. 부산이 겪은 혼란의 정도는 상상할 수도 없었다.

　　부산은 한국전쟁으로 가장 많이 회자되던 도시였음에도 전쟁을 겪은 적이 없었다. 당시 부산은 국민들에 있어 수호천사와도 같은 도시였고 대한민국을 지키기 위해 선봉에 선 도시였다. 20세기에 발생한 국난들을 고스란히 떠안았던 부산은 가혹하리만치 힘든 시간을 보냈다. 대륙과 국토의 끝점이자, 태평양으로 열린 항구도시라는 입지 특성이 부산을 그리 만들었던 것이다. 더군다나 부산항은 경부선 철도역과 잇닿아 있었기에, 여러 양상의 치열한 분주함이 그치지 않았다.

## 다시 쓰는 부산항의 개항 역사

부산은 언제부터 이리 분주한 도시가 되었을까? 개항과 연결된 교류 역사가 계기가 된 것으로 추정된다. 보통 부산항의 개항 역사의 시점을 1876년 **고종 13년** 으로 여긴다. 비록 굴욕적이었음에도 국제적으로 공인된 개항이었기에 1876년이 개항의 시점으로 이해되어 왔다. 그런데, 부산항의 개항은 1407년 **태종 7년** 으로 거슬러 올라갈 필요가 있다. 1407년은 남해안에서 약탈을 일삼던 왜인들에 대한 회유책으로 조선정부가 왜관 **倭館** 을 처음 열었던 해였다. 그 해 조선정부는 부산포 **부산진성 서남쪽 해안, 현 좌천동 일원** 와 내이포 **진해** 를 열었다. 이를 이포개항 **二浦開港** 이라 부른다. 염포 **울산** 가 더해진 삼포개항 시대를 거쳐, 1510년 삼포왜란, 1512년 임신조약, 1544년 사량도왜변 등으로 인한 왜와의 국교 단절과 재개가 반복되는 혼란스런 과정 속에서도 부산포는 꿋꿋하게 버텼다. 1547년부터는 부산포만이 존재했던 단일 왜관시대가 열렸다. 부산포왜관의 역사는 절영도왜관과 두모포왜관 시대를 거친 후, 1678년 계해약조를 계기로 초량왜관으로 이어지며, 부산항은 1407년 이후 지금까지 단 하루도 문을 닫지 않은 국내 유일의 항구로 존속되어 왔다.

이쯤에서 1678년 이후 약 200년 동안 존속하며, 조선왕조의 외교와 무역의 첨단기지이자 국방의 보루로서 역할을 다했던 초량왜관의 역사를 조금 깊게 살펴볼 필요가 있다.

조선시대의 외교는 중국에 대한 사대 정책과 중국 이외의 나라, 특히 왜에 대한 교린 交隣 정책으로 대별되었다. 왜관은

변박의 『왜관도 倭館圖』, 1783년

일인들에 허가된 무역공간이었지만, 조선정부의 교린 정책의 일환으로 조성과 수리가 이뤄졌던 실질적인 조선의 소유 및 관리공간이었다.

이러한 사실은 1598년 **선조 31** 부터 1841년 **헌종 7** 까지 19권 19책으로 기록된『변례집요 **邊例集要** 』의 초량왜관에 대한 건설과 수리 등 제반 지원기록을 통해 확인할 수 있다. 이 외에도 두모포에서 초량으로 왜관을 이건하는 과정에 대한 2책의 필사본 기록물인『왜관이건등록 **倭館移建謄錄** 』, 1724년 **경종 4** 7월부터 1745년 **영조 21** 11월까지 초량왜관에서 이루어진 1책 40장으로 된 수리 기록인『왜관수리등록 **倭館修理謄錄** 』그리고 왜인에 대한 예우와 조약, 왜관 문제, 막부와의 사행 **使行** 관계 및 교역 관계를 기술한 6권 2책으로 된『증정교린지 **增正交隣志** 』등을 통해서도 초량왜관의 역사를 이해할 수 있다[1].

초량왜관에 대한 기록은 문서뿐 아니라 그림지도들도 다수 현존하여 그 외형과 구성은 물론, 그곳 사람들의 활동까지도 이해가 가능하다. 두 가지 그림을 살펴본다. 첫 번째는 초량왜관에 있어 가장 중요한 그림으로 알려져 있는 동

---

1    상세한 내용은 '부산박물관(2017).『초량왜관: 교린의 시선으로 허하다』. 부산박물관 학술연구총서.'에서 확인할 수 있다.

래화원 변박 卞璞 이 그린 「왜관도 倭館圖, 1783년 」이다. 56개의 건축물로 구성된 초량왜관은 길게 뻗은 용두산을 중심으로 아래쪽 오른쪽 은 동관으로, 위쪽 왼쪽 은 서관이라 불렸다. 포구와 접해 있던 동관은 무역의 장이었고, 서관은 주로 숙박 공간이었다. 동관에는 관수가, 개시대청, 동향사, 재판가 등 무역과 관련되거나 무역 관련 질서 유지를 목적으로 하는 시설들이 존재했고, 서관에는 길쭉한 건축 형태를 통해서 알수 있듯 주로 숙박시설들이 있었다. 서관 너머에는 연향대청 宴享大廳 이라고 불렸던 큰 건물은 말 그대로 연향을 베풀던 큰 마루 대청 가 있던 곳인데, 이에 연유하여 지금의 대청동과 대청로라는 이름이 생겼다.

왜관도만큼이나 중요한 또 다른 그림은 「동래부사접왜사도 東萊府使接倭使圖 」이다. 이는 조선 왕이 위임한 외교와 무역의 총체적인 권한을 가진 동래부사가 초량왜관에 도착한 일본사신단을 맞이하기 위한 동래읍성에서 초량왜관까지의 행렬 과정을 그린 10폭으로 구성된 병풍 형식의 그림이다. 현재 「동래부사접왜사도」는 국립중앙박물관과 국립진주박물관에 각 1점씩 총 2점이 남아 있다. 국립중앙박물관이 보유한 그림의 경우, 1~7폭까지는 동래부사가 관원들과 함께 초량왜관 경계부의 설문 設門 으로 들어가는 행렬 장면이 묘사되어 있고, 8폭은 일본 사신단이 초량객사 마당에서 조

「동래부사접왜사도 東萊府使接倭使圖」, 국립중앙박물관 소장

선 왕의 전패 殿牌 에 예를 올리는 숙배례 肅排禮 장면이 그려
져 있으며, 9폭에는 조선 역관의 숙소인 성신당 誠信堂 과 빈
일헌 賓日軒 이 그려져 있고, 10폭에는 연향대청에서 입국 사
신을 축하하는 공식 연회인 하선연 下船宴 장면이 묘사되어
있다.

1872년에 제작된 「군현도: 두모진지도」에서의 부산포

영역은 영도의 좌측 장방형의 초량왜관에서부터 위쪽 부산

포와 부산진성을 지나 동천 하구까지 연결된 해안부에 해당

된다. 17~19세기 당시 부산포는 조선의 **왜와의 외교**와 무역

의 핵심 역할을 담당했다. 그 예로 연구에 따르면 초량왜관

을 포함한 부산포 일대는 일본과 중국을 잇는, 즉 일본에서

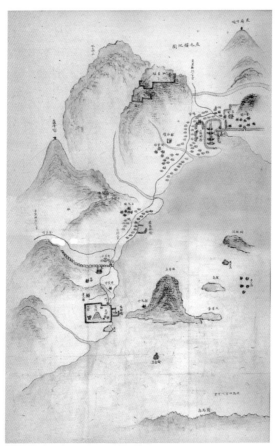

「군현도: 두모진지도」, 1872

생산된 은을 중국으로 보내는 중계무역지로서의 역할을 수행했다고 한다. 이러한 관점에서 부산포 일대는 일본과 중국은 물론, 동남아시아와 동북아시아 해상무역의 결절 역할을 담당했던 것으로 추정된다.

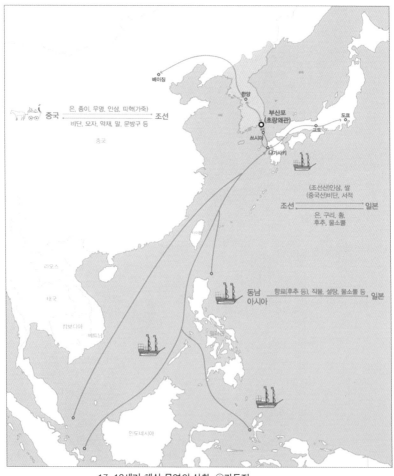

17~19세기 해상 무역의 상황 ⓒ강동진

그렇다면 부산항의 개항 역사를 15세기 이후 전개되었던 조선 외교 정책의 전개과정과 연계시켜 볼 필요가 있다. 놓치지 말아야 할 또 하나의 사실이 있는데, 부산포와 조선통신사와의 관계이다. 조선통신사가 1636년부터 1811년까지 총 12차례 일본에 파견되었는데 그 시기가 부산포에 있었던 두모포왜관 1607~1678 과 초량왜관 1678~1872 의 존속 기간과 정확히 중첩된다는 사실이다. 이러한 관점에서, 이포 **부산포와 내이포** 가 열렸던 1407년을 자주적 개항의 원년, 즉 '1차 개항'으로 보고, 강화도조약 **朝日修好條規** 의 체결과 함께 이루어진 1876년을 '2차 개항'으로 보는 시각이 요청되는 것이다. [2]

### 해방과 전쟁, 부산항의 새로운 역사

2차 개항에 이은 부산해관의 개청 1883년 으로 부산항의 근대 무역 역사는 본격화된다. 무역 활동의 확장과 활성으로 용미산 해안가에 있던 잔교식 부두는 한계점에 도달했고, 또한 일제의 본격적인 침탈의 일환으로 1902년부터 1944년까

---

2  최근, 이포 개항의 역사가 기록되어 있는 태종실록 太宗實錄 에 근거하여 부산항의 개항일을 1876년(2월 26일)에서 1407년(7월 27일)로 변경해야 한다는 고증 작업이 학술적으로 논의되고 있다.

지 총 7차례의 해안 매축이 진행되며 부산항에는 5기의 부두 제1~4부두 및 중앙부두 가 구축되었다. 이 과정 속에서 부산진성 해안가에 있던 부산포는 일제의 경부선 철도 부설과 매립을 통해 형체도 없이 사라지고 말았다. 우리나라의 자주적 개항의 발로가 되었던 항구였기에 흔적조차 확인할 수 없는 현실에 큰 아쉬움이 남는다.

해방을 맞아 독립운동 강제동원 등 여러 이유로 조국을 떠났던 수많은 귀국 동포들이 부산항으로 귀환했다. 그중 상당수는 부산에 정착했고, 5년 후 전쟁으로 백만에 이르는 피란민들이 유입되며 부산은 갈 곳 없던, 아니 고향으로 돌아갈 수 없었던 이들에게 제2의 고향이 되었다. 또한 부산은 한국전쟁 중 1,023일 동안 대한민국의 피란수도로 기능하며, 국난 극복의 특별한 역할을 담당했다. 1950년 8월부터 9월까지 전개된 한국전쟁사의 한 부분을 옮겨본다.

"국군과 유엔군은 북한군의 집중 공격을 받은 마산·대구·경주 축선을 고수하며 전 국토의 10%에 불과한 부산 교두보를 간신히 확보했다. 중략 이 축선을 중심으로 북한군의 전쟁 목표를 분쇄하고, 작전의 주도권을 장악하여 공세로 전환할 수 있는 계기를 마련하였다. 그것이 낙동강 방어선 전투였다."

터

낙동강을 중심으로 하는 방어선이 구축된 후 1차 방어
선, 2차 방어선이 무너지고 최후의 보루였던 데이비슨선 Da-
vidson Line 까지 내려오는 위기 상황을 맞기도 했다. 그러나
낙동강 방어선이 한 달 반 정도 남짓한 기간을 버텨냈었기에
1950년 9월 15일 인천상륙작전이 가능할 수 있었고, 북진의
계기도 열렸던 것이다.

여기서 부산항 부두들에 주목할 필요가 있다. 유엔군의
헤드쿼터 headquarter 기능을 담당했던 제1 부두와 물자와 군
수품이 들어왔던 제2~4 부두가 전쟁을 역전시킬 수 있었던

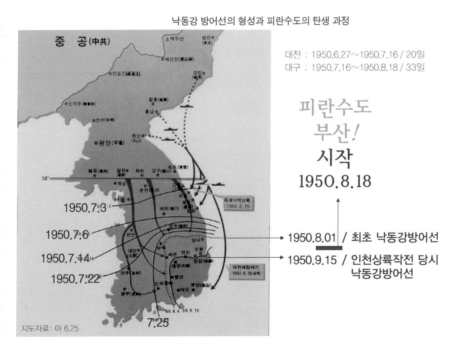

낙동강 방어선의 형성과 피란수도의 탄생 과정

계기가 되었다는 '부산항 부두들의 역할론'에 관한 것이다. 한국전쟁기의 부산항 부두들은 유엔군과 미군들을 위한 병참기지이자 후방기지였고, 제2의 전선이기도 했다. 당시 제2부두에서 미군 통역관으로 일했던 故 김열규 교수는 당시 흑인 장교의 말을 이렇게 회고했다. "부산에 이만한 부두 시설이 없었더라면, 전쟁에 이기는 것은 어림도 없는 일이야."

정말 그랬다. 부산항은 전쟁을 승리로 이끌고 대한민국을 구했던 **냉전시대의 세계 평화를 지켜냈던** 으뜸의 공로자였다. 따라서 부산항의 가치는 개항장이자 국제물류부두로서의 역할을 넘어, 국가수호와 피란민 보호 그리고 60여 개 국의 유엔군을 연결하는 인류애의 상징물로 볼 필요가 있는 것이다.

부산항의 역할은 여기서 그치지 않았다. 1950년 10월부터 시작된 유엔 중심의 피란민 구호활동은 휴전 후 3년이 지난 1956년까지 이어졌다. 유엔민사원조사령부, 유엔한국재건단 등을 중심으로 한 총 3천 명이 넘는 의료 인력, 총 42개 국에서 지원한 약 800만 달러 상당의 의료, 교육, 건설, 물품 보급 등의 구호활동이 부산항을 기점으로 전개되었다. 이러한 측면에서 부산항은 유엔헌장을 실천한 최초의 현장으로 볼 수 있다. 또한 전쟁이 없었던 부산은 전쟁의 **유엔군 소속** 사망자들을 포용할 수 있는 최적지였기에, 부산항과 3km **직선거리** 이격된 용호만 해안 경사지에 세계 유일의 유엔묘지가 조성되기도 했다.

한편, 부산은 1970년대까지 전쟁의 후유증을 크게 앓던 도시였다. 국가 경제의 재건 과정 가운데 부산, 특히 부산항에 대한 의존도는 점차 높아져 갔다. 부산항 일대의 하역시설들, 영도 연안의 조선소들, 남항의 수산시장들과 대형 재래시장들, 그리고 서면 일원의 30여 곳이 넘었던 굴지의 산업시설들은 부산을 전국 최고의 일자리 도시로 자리매김하게 했다. 그러나 부산항 일대에 대한 지나친 의존과 집중으로 여러 도시문제들이 양산되었다. 그중, 국가경제의 핵심 사안이 된 수출입 물동량의 원활한 처리에 대한 해소책 마련

제2 부두에 도착한 미해병1사단(1950.8.5.) ⓒ부경근대사료연구소

이 급선무로 떠올랐다. 기존 부두들만으로는 물동량 처리가 감당할 수 없게 되자 정부는 해방 후 30여 년 만에 부산항에 신부두를 건설하기로 결정했다. '자성대부두'로 명명된 제5 부두와 제6 부두는 인력 중심의 벌크화물 시대를 벗어나 우리나라 최초의 컨테이너 물류 부두 시대를 열었다.

다시 30여 년의 시간이 흘렀다. 선박의 대형화에 따른 무역 경쟁력 약화를 극복하기 위해 부산신항 건설이 추진되면서 부산항의 부두들은 새로운 국면을 맞게 되었다. 2009년부

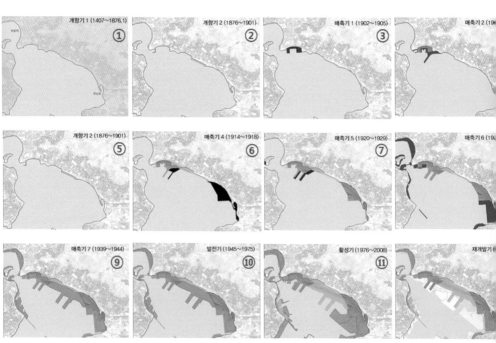

600여 년 동안의 시간을 품고 있는 부산항 ©강동진

터 지금까지 '북항재개발'이라는 이름으로 부산항 부두들의 대변신이 진행 중에 있다[3].

## 마치며

1407년 1차 개항이 있은 지 무려 615년이 지났다. 1876년 2차 개항을 기점으로는 146년이 지났다. 필자는 부산항의 '3차 개항'을 염원하고 있다. 한 도시에서 수차례 개항이 발생한다는 것이 다소 어색할 순 있지만, 시대 변화에 따라 항구의 기능이 혁신적으로 변했거나 또 변할 수 있다면 개항 역사의 반복은 결코 낯설지 않다. 사실, 2차 개항 후 146년 동안 일제의 침탈, 해방과 전쟁, 그리고 밀려든 산업화와 도시화에 짓눌려 부산항은 개항장으로서의 개척정신을 바탕으로 한 만족할 만한 쇄신이나 혁신을 이뤄내지는 못했다. 그 쇄신과 혁신의 대상이 외연 확장과 경제 성장에 머물렀던 것이 미달과 미흡의 주원인인 듯싶다.

4년 후면 개항 2차 150주년이 된다. 강산이 15번이나 변할 수 있는 시간이었기에, 이제 3차 개항을 논할 수 있는 시점에 도래했다고 필자는 생각한다. 조건이 있다. 3차 개항은

---

3    연안부두와 제1~4부두까지를 1단계 사업으로, 자성대부두와 주변 컨테이너 하적 및 철도 부지를 2단계 사업으로 구분한다.

1차 때처럼 단일국을 대상으로 해서도, 2차 때처럼 굴욕적이어서도 안 될 것이다. 21세기를 주도하는 부산과 부산항의 미래 역사를 새로이 써내려갈 수준의 것이 되어야 할 것이다. 마침 2030월드엑스포의 개최가 부산항에서 준비되고 있다. 성사만 된다면, 3차 개항의 결정적인 밑거름이 될 수 있을 것이다.

한 컷의 장면을 떠올리며, 엉뚱한 생각을 해본다. 한국전쟁이 한창이던 1951년 어느 날의 상황을 보여주는 사진 속 부산항에는 이름 모를 하얀색의 선박 3대가 정박해 있었다. 제1 부두 2대 와 해상 1대 에 정박해 있던 그 배들은 암울했던 전쟁의 배경처럼 어두운 회색으로 물든 부산항의 한 가운데에 자리했던, 붉은 십자가 마크를 선명하게 새긴 병원선

1951년 어느 날 제1 부두에 정박하고 있는 의료선들 ⓒ부경근대사료연구소

들이었다. 전체 사망자 **민간인 포함** 만 120만에 달하며 피비린
내 났던 전쟁 중에서도 부산은 평화와 치유를 얘기할 수 있
는 도시였던 것이다.

또 하나의 예를 든다. 2021년 11월, 우연한 기회에 한국
전쟁 당시 영국군 보병으로 참전했던 참전용사 '브레인 호프
**Brain Hough**'의 독백을 들었다.

"맨체스터의 가난한 노동자 출신인 저였지만 부산에 도착
했을 때 충격을 금치 못했습니다. 눈앞에서 사람들이 겪던 가난
으로 인한 고통은 두려울 정도였습니다. 중략 친구들의 시신을
고향으로 데려왔더라면 뿔뿔이 흩어져 지금은 모두 잊혔을 겁
니다. 그러나 부산에 있는 묘지에서의 그들은 결코 잊히지 않았
습니다. 중략 살아있을 때처럼 늘 함께 있습니다. 그들은 나란
히 누워있고 한국 사람의 보살핌을 받고 있습니다. 그들은 여러
분의 보살핌 속에서 영원히 젊은이로 남아 있습니다. 중략 여
러분은 제 과거를 돌보아 주고 있습니다. 제가 당신들의 나라에
헌정할 수 있는 것은 단 두 마디입니다. 감사합니다. 내 친구들
을 돌봐 주셔서 감사합니다."

70년의 긴 세월로 인해 비록 발음은 어눌해졌지만, 들려
오는 의지로운 그의 목소리는 결코 노병은 죽지 않았음을 느

끼기에 충분했다. 지난 70년 동안 유엔묘지 **현 유엔기념공원** 에서의 보살핌 가운데 친구들이 영원히 젊은이로 남아 있다는 노병의 독백 아닌 독백은 대한민국을 향한, 아니 부산을 향한 '웅대한 선언'과도 같았다.

　부산만큼 질곡과 영광을 오가며 근대기를 보낸 항구는 전 세계에서 찾기 어렵다. 전술한 두 이야기는 한국전쟁에 한정되어 연결된 내용이지만, 1407년 이후의 변천 역사들을 하나하나 들추어내어 조합해 본다면 부산과 부산항에 내재된 인류애, 평화, 화해, 협력 등을 키워드로 하는 증거들의 모둠은 실로 대단할 것이다. 매우 특별한 3차 개항! 충분히 도전해 볼 만한 것이다.

## 〈참고문헌〉

권내현(2014). 「17세기 후반~18세기 전반 조선의 은 유통.」『역사학보』221권.

박용옥(2003). 『김마리아: 나는 대한의 독립과 결혼하였다』. 홍성사.

백산안희제선생순국70주년추모위원회(2013). 『백산 안희제의 생애와 민족운동』. 선인.

변영은(2013). 「17~18세기 조선 은 무역과 은의 길.」 연세대학교 대학원 석사학위 논문.

부산박물관(2017). 『초량왜관: 교린의 시선으로 허하다』. 부산박물관 학술연구총서.

신영숙·강영심·김수자·정현주(2021). 『부부독립운동가열전』. 역사미래여성.

양흥숙(2009). 「조선 후기 동래 지역과 지역민 동향: 왜관 교류를 중심으로」. 부산대학교 대학원 박사학위 논문.

윤참근·강동진(2014). 「도시적 관점에서의 초량왜관 흔적 분석.」『한국도시설계학회지』15권 5호.

이동언(2010). 『독립자금의 젖줄 안희제』. 역사공간.

강동진(2018.04.12.) [기고] 잠자고 있는 '초량왜관'을 깨울 시간입니다. 국제신문.

강동진(2020.11.25.) [기고] 2020부산월드엑스포에 대한 간절한 소망. 부산일보.

강동진(2021.11.18.) [기고] 이 땅에서 영원히 젊은이로 남은 그들. 국제신문.

강동진(2022.04.21.) [기고] 제1부두서 부산비엔날레가 열린다고?. 국제신문.

김열규(2011.09.01.) [기고] 김열규 교수의 '내 부산 내 옛 둥지' 24. 부산일보.

# 고종석

단행본 『신촌 우드스탁과 홍대 곱창전골』, 공저로 『한국 대중음악 명반 100』 『신해철 다시 읽기』 등을 발간했다. 현재 한국대중음악상 선정위원, 여성가족부 청소년 유해 매체물 음악분야 심의분과위원, 음반산업 발전특별위원회 간사, 알레스뮤직 이사로 재직 중이다. 또한 월간 재즈피플, 파라노이드, 웹 사이트 네이버, 멜론, 벅스 등에서 대중음악과 관련된 글을 쓰고 있다.

# 환대받지 못했으나, 세상을 환대한 뮤지션 양병집

**대중음악계의 귀인貴人,
세상을 떠나다.**

사람은 태어난 이후 사회 속으로 들어서며 각자가 지닌
능력에 맞는 처우를 받는다. 세상 모든 사람이 받는 대우와
대접이 같을 수는 없다. 서로를 맞이하고 마주한 우리는 세

양병집

상을 떠난 이후에도 기억될 수 있기를 바라며 최선의 삶을 살아간다. 여기 생전에 제대로 환대 歡待 받지 못하고 안타깝게 세상을 떠난 이가 있다. 그의 본명은 '양준집'. '조지 양'으로도 불렸던 그는 한국 포크음악을 개척하고 다져냈던 뮤지션이자 음반제작자 양병집이다. 국내에서 소소하게 히트를 기록했던 영화 〈인사이드 르윈 Inside Llewyn Davis. 2013 〉의 주인공은 히트를 기록한 유명 뮤지션들의 그림자에 가려져 잊힌 양병집의 모습 같았다. 또한 수십 년이 흐른 이후 뒤늦게 대중에게 환영받고 자신의 길로 다시 돌아선 〈서칭 포 슈가맨 Searching for Sugar Man, 2011 〉의 주인공은 양병집이 바라마지 않던 꿈과 다름 아니었다. 양병집은 삶과 현실, 음악 사이에서 끝없이 갈등하면서도 대중과 소통하고 배려를 마다하지 않았던 이 시대의 귀인이었다.

2021년 12월 24일 양병집은 지인과 자주 찾던 카페에서 만남이 예정되어 있었다. 약속 시간이 한참 지났음에도 나타나지 않고 연락마저 닿지 않은 것을 이상하게 여긴 지인들은 곧장 112에 신고를 했다. 홀로 생활한 지 이미 오래인 양병집의 집 문을 열고 들어갔으나 그는 이미 숨진 상태였다. 사인은 심근경색이었다. 고인이 지인들과 마지막으로 연락이 닿은 시점은 12월 23일이었다. 고인의 마지막 모습이 발견되기 이틀 전, 그는 홀로 사투를 벌이다 생을 마감한 것이다. 12월 28일 청담동 성당에 고인의 빈소가 마련되었다. 고인의 생전 삶을 잘 알고 있던 조문객들은 그의 마지막 호흡이 멈추던 순간에 함께하지 못했다는 사실에 더 큰 슬픔과 안타까움을 토로했다.

## 남다른 음악성과 감각에도 제대로 평가받지 못했던 양병집

음악을 향한 양병집의 열정은 그 어느 풍파보다 두껍고 견고했다. 양병집의 음악은 높은 작품성과 지대한 영향력에 비해 명성이 낮은 편이다. 그를 소개하는데 제격일 수 있는 예는 김광석의 노래로 잘 알려진 〈두 바퀴로 가는 자동차〉의 원작자라는 점이다. 한 가지 예를 더하자면 서유석이 불러서 히트를 기록한 〈타박네〉의 원작자라는 부분이다. 두 곡의 공통점은 양병집이라는 분모를 가지지만, 두 곡은 양병집이 온전히 창작해서 발표한 곡은 아니었다.

〈두 바퀴로 가는 자동차〉는 양병집이 1974년 성음제작소에서 발표한 데뷔작 「넋두리」에 〈역 逆〉이라는 제목으로 최초 수록되었던 곡이다. 김광석은 1995년에 기획된 리메이크 앨범 「다시부르기 2」에서 양병집의 〈역 逆〉을 〈두 바퀴로 가는 자동차〉라는 제목으로 수록해서 큰 히트를 기록했다. 황해북도 연탄군의 민요로 알려진 〈타박네〉는 양병집이 채집해서 완성한 곡이다. 이 곡은 그의 의지와 상관

두바퀴로 가는 자동차

김광석 노래

김광석 두 바퀴로 가는 자동차 악보

없이 발표되는 과정을 거쳤다. 〈타박네〉는 1972년 9월 서유석의 세 번째 독집 「I WANT TO SEE MY MOTHER」과 같은 해 11월 유니버살 레코드에서 발매된 컴필레이션 음반 「맷돌 밝은노래모음」에 수록되며 대중의 사랑을 이끌었다. 양병집이 가창한 버전은 1974년 대도레코드에서 제작된 컴필레이션 「GOLDEN FOLK ALBUM Vol. 4」에 수록된 게 처음이었고, 이후에도 양병집의 목소리와 여러 가수의 버전이 발표되었다.

이처럼 대중음악사에 기록적인 히트와 의미를 부여받고 있는 '두 바퀴로 가는 자동차'와 '타박네'는 온전히 양병집이라는 이름으로 기억되지 않고 있다. 비슷한 예는 또 있다. 김광석에 의해 리메이크되어 히트한 〈어느 60대 노부부 이야기〉는 블루스 뮤지션 김목경을 세상에 알렸다. 유복한 가정환경 속에서 격정 어린 삶을 살고 있는 한대수는 한국 포크를 상징하는 대명사로 남겨졌다. 흡사한 평행선에서 전개된 양병집의 음악과 그의 인생은 그에 비해 제대로 된 평가와 대우를 얻어내지 못한 게 사실이다.

20대 초반의 양병집

양병집이 발굴한 가수 손지연

양병집은 자신의 솔로 음반을 기획하고 발표한 것 외에 음반제작자로도 활동했다. 1981년 양병집은 자신이 운영하던 음악카페 '청개구리'에서 후배의 소개로 만난 동서남북의 음악에 심취하며 대중음악사에서 끊임없이 회자되고 있는 명반 「N.E.W.S.」를 제작한다. 평가와 달리 이 앨범은 발매 당시에 히트를 기록하지 못했다. 또한 계약 직전에 엇갈려서 함께 하지 못했던 듀엣 해바라기는 양병집과의 인연으로 대중음악계에 등장할 수 있었다. 그가 제작한 음반 가운데 그나마 성공을 거둔 뮤지션은 16년 차이와 손지연이다. 16년 차이는 고른 음악적 평가 속에서 히트 역시 크게 상승되고 있었지만 한 순간에 해체를 맞이했고, 한국의 조니 미첼 Joni

타인

Mitchell 로 불리는 손지연은 발매 당시보다 다소 늦은 시기에 음악적 가치를 인정받으며 양병집과의 인연을 오래 끌지 못했다. 음반제작자로서도 남다른 감각과 추진력을 지녔던 양병집이었지만, 그가 기획한 음반들은 자신의 음악들처럼 시기를 잘못 만난 이유로 대중의 이목을 이끌지 못했다. 그나마 그가 제작했던 밴드와 뮤지션들에 대한 평가가 뒤늦게나마 형성되고 융성했지만, 양병집에 대한 지분은 이미 사라지고 만 시점이었다.

'서울 하늘 보고 싶어서 무조건 올라왔소.' 〈서울 하늘1〉 中
'음악이 하고 싶어서 너무 하고 싶어서 무조건 해왔소.'

어린 양병집과 아버지 양제을

어린 시절의 양병집과 어머니 김경패

서울에서 한국전쟁을 맞이한 양제을과 김경패 부부는 딸 넷과 함께 전쟁을 피해서 부산에 터를 잡는다. 1951년 부산광역시 구포에서 첫 번째 아들이 태어난다. 아이의 이름은 양병집 본명 양준집, 그는 온화하고 풍요롭던 환경을 거부하고 대한민국의 초창기를 대표하는 포크 가수로 성장하게 된다. 가족들과 함께 대구를 거쳐 수복된 서울로 돌아온 양병집은 회현동과 묵정동을 거쳐 청운동, 옥인동으로 이사하며 청소년기를 보냈다. 청운국민학교와 중앙중·고등학교에서 학업을 이수하고, 1969년 서라벌예대 現 중앙대학교 음악과에 입학했다. 1년을 채우지 못하고 학교를 그만둔 양병집은 아버지를 따라 증권업자로 직장 생활을 시작했다. 관련 업종에 적응한 이후 서울과 부산을 오가며 오붓하게 가정도 꾸릴 수 있었다.

직장을 다니기 직전에 양병집의 유일한 취미는 만돌린 연주였다. 어느 날 고교 시절 YMCA 합창단에서 함께 활동했던 친구의 요청으로 무대에서 처음으로 연주와 가창을 하게 된다. 비슷한 시기에 참여하기 시작한 영어 모임에서 첫 번째 개인 리사이틀을 벌인 이후 양병집은 자신 안에서 오래도록 꿈틀대고 있었던 커다란 에너지에 무게를 두기 시작했고. 대중음악가로 본격적인 행보를 걷기 시작한다. 그는 세시봉과 함께 대표적인 음악감상실로 통하던 '내쉬빌' 등에서 활동했고 방의경이 진행하던 CBS의 인기 라디오 프로그램

'세븐틴'에 출연하는 등 서서히 인지도를 쌓아 나갔다. 함께 활동했던 멤버의 권유로 밥 딜런 Bob Dylan 과 우디 거스리 Woody Guthrie 의 음악을 마주한 이후 양병집의 인생은 음악 안으로 보다 더 파고 들어가게 된다. 그는 본격적으로 미국 모던 포크에 대해 연구하면서 포크에 빠져들게 된다. 그리고 당시 한국 사회에 만연한 풍조에 빗대어 밥 딜런의 〈Don't Think Twice, It's All Right〉을 〈역逆〉이라는 제목으로 번안해서 부르기 시작했다. 무대에서 부를 곡이 부족함을 느낀 양병집은 어린 시절 어머니가 자장가로 불러 주던 〈타복네〉를 직접 악보화해서 자신의 레퍼토리에 추가했다.

1972년 월간 팝송에서 주최한 '전국 대학생 포크 콘테스트'에 〈역逆〉으로 출전한 양병집은 3위에 입상하며 본격적으로 음반업계 관계자들에게 주목받게 된다. 이후 양병집은 동양방송 PD였던 이백천과 함께 모 음반사를 방문하게 된다. 양병집은 대화 도중 잠시 앞마당에 나와서 〈타복네〉를 나지막하게 불렀다. 곁을 지나며 이 곡을 유심히 듣고 있던 서유석과 짧은 대화를 나눴다. 이후 서유석은 준비하고 있던 후속 앨범에 〈타복네〉를 〈타박네〉라는 제목으로 수록했다. 자신의 앨범에 실으려고 준비하던 곡이 다른 음반에 수록된 것을 뒤늦게 알게 된 양병집은 대노했다. 하지만 이 일을 계기로 그는 대중음악계에 더 깊숙이 빨려 들어가고 만다. 〈역逆〉과 〈타복네〉를 통해 실력 있는 음악가로 평이

양병집 [넋두리]

나기 시작한 것이다. 기존 방식과 다른 틀을 지닌 양병집의 곡을 원하는 이들도 나타났다. 특히 양병집이 운영하던 음악카페 OX에 거의 매일 찾아와서 곡을 달라며 설득하던 이연실에게 여러 곡을 제공했고, 이 앨범이 크게 히트한 것을 계기로 양병집은 자신의 첫 음반 「넋두리」를 제작하게 된다. 이전에 완성해 두었던 〈잃어버린 전설〉과 〈역逆〉 외에 우디 거스리와 피터 폴 앤 매리 Peter, Paul & Mary , 피트 시거 Pete Seeger 등의 곡을 자신만의 스타일로 편곡하고 가사를 입혀서 녹음을 마쳤다. 수록곡 가운데 어머니를 그리며 작곡한 〈아가에게〉는 유일한 창작곡이었다.

타인

양병집이 제공한 곡으로 제작된 이연실의 음반

    이 음반은 유신 정권이 기세를 떨치던 1974년 3월에 발표되었다. 이런 배경으로 발매 3개월도 되지 않은 시기에 「넋두리」는 김민기의 1집 등과 함께 판매와 방송 금지 처분을 받게 된다. 조소 어린 눈빛과 담배를 질끈 입에 문 양병집의 얼굴로 구성된 재킷, 사회의 부적절한 기운을 풍자한 가사 등 모든 내용물이 정권에 거슬렸다는 게 이유였다. 사실 그의 가사는 1970년대 활동하던 학생 출신 가수나 순수 음악인들의 내용과 비교할 수 없는 깊이를 지녔다. 이는 직장 생활을 하며 바라본 세상에 대한 솔직하고 담백한 정서가 근간이 되었기 때문이다.

1980년대 무대에서의 양병집

## 음악과 현실 속에서 번복되었던 양병집의 삶

양병집의 1집에서 눈에 띄는 곡은 〈역 逆〉과 〈잃어 버린 전설〉, 〈타복네〉 외에 〈서울 하늘1〉이다. 이 곡은 1960년대 후반부터 진행된 이촌향도의 움직임을 주제로 담고 있다. 우디 거스리의 〈New York Town〉에 양병집이 가사를 입힌 〈서울 하늘1〉은 보다 나은 생활을 위해 무작정 도시로 이동했지만, 인구와 산업의 지나친 과밀화에 의한 주택 부족, 교통 체증, 일자리 부족 등의 문제로 생활이 쉽지 않았던 당시의 실상을 노래했다. 기대와 다른 서울의 실체를 마주하며 '내 안경이 기절'할 정도로 상상했던 것과 다르다고 꼬집은 양병집은 '두 번 다시 안 올랍니다. 화려하고 복잡한

터0

서울 하늘 밑으로'라고 노래했다. 결국 '노래나 불러보자'는
자조적인 어투로 〈서울 하늘1〉은 곡이 마무리된다.

　　〈서울 하늘1〉에 배인 곡조와 가사는 양병집의 삶과 매
우 닮았다. 그는 20대 전반에 걸쳐 음악을 향한 꿈이 컸다.
하지만 한대수와 김민기, 이장희 등 주류에 더 가까이 다가
가 있던 이들과 비교해서 그의 꿈은 뒤늦게 이루어졌고 번복

서울 하늘1 악보

되었으며 예상과 다른 결과로 침체를 반복했다. 어쩌면 양병
집은 「넋두리」음반을 통해 전설로 남을 수 있었다. 그러나
그는 화석으로 남고 싶지 않았다. 그는 데뷔 앨범 「넋두리」
가 실패하면서 아버지의 말씀에 따라 직장 생활을 재개하며
경제적 안정이 곧 삶이라는 것을 깨우치게 된다. 그러나 가
슴 한편에서 끊임없이 꿈틀대는 꿈은 음악과 현실을 오갔던
양병집의 번복된 삶 곳곳에서 크고 작은 갈등으로 번지고 닥
쳤다.

양병집은 1978년 데뷔했던 정태춘과 이전부터 인연을 맺
어왔다. 1986년 어느 날 정태춘은 자신의 친척이 운영하던

군휴가를 나온 정태춘과 만난 양병집

밥 딜런의 음반을 바라보는 양병집

'도솔천'에 양병집을 초대했다. 그 자리에는 전유성, 김광한, 이정선, 허성욱, 하덕규, 전인권, 임지훈 등 평소 양병집과 인연이 깊었던 지인들이 기다리고 있었다. 가족과 함께 호주로 이민을 떠나는 양병집의 새로운 인생을 응원하기 위한 환송식이자 그를 위한 콘서트 자리였다. 이민 당시 그와 함께 길을 나선 아내는 서른한 살이었고, 두 딸은 각각 일곱 살, 다섯 살의 나이였다. 호주에서 생활한 13년 여 동안 양병집은 몇몇 곳에서 노동을 했고, 뮤지컬 사업 실패 후에는 음식점까지 운영했다. 1999년 9월 양병집은 여행 가방 하나와 기타 한 대를 메고 홀로 한국에 돌아왔다. 그가 공항에서 출발한 버스를 타고 내려서 발을 디딘 곳은 합정동이었다. 그 지역은 1995년부터 새로운 대중음악의 흐름으로 각광받던 인디 신의 여러 밴드와 뮤지션들이 활동하던 바로 그곳이었다.

음원과 바이닐 LP 이 대중에게 크게 주목받던 2010년 즘 양병집에게 〈역逆〉과 〈소낙비〉의 어문 저작권을 사겠다는 이가 찾아왔다. "밥 딜런의 곡을 번안했을 뿐인데, 무엇을 팔라는 말이냐?"라고 되물었다. 그날 양병집은 생소한 저작권이라 할 수 있는 어문 저작권을 양도해주는 대가로 곡당 100만 원을 받았다. 2년의 시간이 흐르고 그가 다시 양병집을 찾았다. 이번에는 〈타복네〉의 저작권을 300만 원에 사겠다고 제안했다. 금전이 궁하던 때였지만 이 날 양병집은 〈타복네〉를 팔지 않았다. 노래의 값어치와 관계없이 양병집은 어릴 적부터 효자가 되라고 어머니가 불러주던 유산과 같은 그 노래의 소중함을 지키고 싶었기 때문이다.


## 뒤늦은 환대가 필요한 아티스트, 양병집

양병집은 대중에게 널리 알려진 곡과 음반들로 대중음악사에 기록되었다. 우리는 대중음악계의 유산과도 같은 그와의 이별에 제대로 된 안녕을 고했을까. 양병집은 그가 남긴 음악과 업적에 반감되는 인지도와 대접을 받았던 뮤지션이자 제작자였다. 2000년대에 이르러 김민기, 한대수와 함께 초창기 한국 포크음악의 주역으로 기록되기 시작했던 양병집. 세상을 떠나기 몇 달 전까지도 한 끼 식사와 월세를 해결하기 위해 혜화 지하철 역사에서 하모니카를 불며 하루 몇만 원을 수중에 넣어야 했던 양병집. 어느 것이 우리가 기억해야 할 고인의 모습일까. 호흡이 끊기던 순간 그의 마지막 '넋두리'조차 들어주지 못했던 우리는 은연중에 그의 음악으로 환대받아 왔다. 양병집이라는 이름으로 남겨진 그의 음악에 이제는 조금 더 귀 기울이며 늦은 환대라도 보여줘야 하지 않을까.

생전 활발하게 노래하던 양병집의 모습

# 박형준

문학평론을 하고 있으며, 부산외국어대학교 한국어교육학과에서 학생들을 가르치고 있다. 문학과 예술, 그리고 인문학이 우리 삶의 억압적 감성 구조를 변화시키는 실전적 방법이 되기를 바라지만, 많은 이들이 문학을 잘 아는 것보다 '문학적인 삶'에 더 가까워지기를 희망한다. 저서로 『로컬리티라는 환영』 『함께 부서질 그대가 있다면』 『마음의 앙가주망』 등이 있다.

# 불편해도 괜찮아
## 관용과 환대 사이에서
## 공존의 길을 모색하다

## 1

환대는 불가능하다. 지옥도 이런 지옥이 없다.

벌써 1년이 다 돼 간다. 계획에도 없는 고양이와 함께 살아가는 일상이 말이다. 나는 결혼하기 전까지 부모님과 구포의 단독주택에 살았다. 길고양이가 그리 많지는 않았지만 늘 한두 마리는 옥상을 왔다 갔다 한 듯하다. 부모님은 고양이가 영물이라며 경계했고, 나 역시 동물 감수성이 '꽝'이라서 고양이와 함께 산다는 것은 상상해 본 적도 없다.

그러던 내가 고양이와 가까워진 것은 결혼 후 지금의 동네로 이사를 오게 되면서부터이다. 저녁마다 산책을 가는 동래읍성 사적공원에는 길고양이들이 많았다. 종종 사람에게 애교를 부리는 고양이도 있었지만, 나는 여전히 고양이를 만질 용기는 없었다. 단지, 아내와 함께 고양이 밥을 사서 산책길에 그것을 나눠주는 정도였다. 고양이와 조금, 정말로 아주 조금 가까워진 것은 사실이지만, 여전히 아파트에서 고양이를 키우겠다는 생각은 하지 못했다. 아니 안했다고 하는 게 더 정확한 표현일 것이다.

그러던 어느 날 예상치도 못한 사건이 벌어졌다. 태풍이 오던 여름 저녁이었다. 인근 마트에서 저녁거리를 사서 돌아오는 길, 아파트 앞 횡단보도에서 갈 곳을 잃고 헤매고 있던 새끼고양이를 만났다. 빗줄기가 굵어지고 차가 씽씽 다니던 위태로운 상황이었다. 우리는 초록색 신호등이 들어왔을 때, '차 온다! 무섭다! 어서 건너가자, 건너가자!'라고 외치며 고양이를 아파트 쪽으로 안내했다. 새끼고양이는 비를 피하기 위해 아파트 화단을 뛰어올라 트럭 밑으로 쏙 들어갔다.

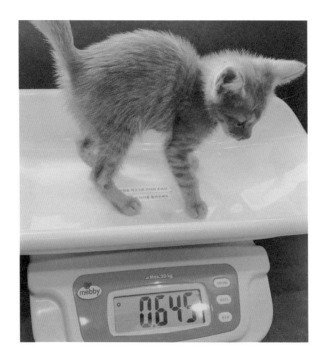

타오

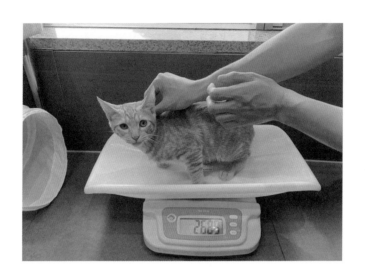

　거기서 모든 상황이 끝났을 수도 있었을 텐데, 무슨 인연 因緣 인지 그 새끼고양이는 지금 우리 집에서 함께 살아가고 있다. 심지어 '박치즈'라는 성과 이름도 있다. 치료를 위해 방문하는 동물병원에 정식으로 등록한 이름이고, '치즈~'라고 부르면 꼬리를 휙휙 움직인다. 하지만 나는 우리 치즈가 종종 불편하다.

2.

　농담을 조금 섞어서 이야기하자면, 박치즈의 악행 惡行 은 말로 다 할 수가 없다. 물론, 인간의 악행에 비할 바는 아니지만. 고양이와의 동거는 지금껏 경험해 보지 못한 체험을 하게 했다.

책을 읽거나 공부하고 있을 때 같이 놀아달라며 방해를 한다. 내가 아끼는 책을 구기고 물어뜯고, 책장에서 떨어뜨려 망가뜨린다. 부엌에 놓아둔 생수병을 터트리고, 장모님께서 사주신 건강보조식품 팩에 구멍을 내 양파즙이 철철철 …… 거실 벽지와 화장실 문 필름지를 긁고 찢으며, 안방 붙박이장과 거실 소파에 스크래치를 낸다. 퇴근하고 집에 돌아와 빨래를 널고 자면, 아침에 양말과 속옷이 실종되곤 한다.

과거형이긴 하지만, 식탁 위에 컵도 두지 못했다. 그러지 마! 아무리 소리를 쳐도 치즈는 식탁 위에 올라가 물컵을 핥는데, 나는 그게 너무 싫어서 기겁을 한다. 새벽마다 울면서 안방 문고리를 붙잡기 위해 뛰어올라 잠을 깨우고, 초기에는 입질이 너무 심해 팔과 다리가 온통 상처투성이가 되곤 했다. 고양이의 특성인지, 애정 표현인지 모르겠지만, 잘 지내다가도 종종 팔을 깨물곤 한다. 도무지 이해가 안 된다.

이런 소소한 악행보다 더 견디기 어려운 건 따로 있다. 발코니 창을 열어두면 꼭 방충망에 매달려 발톱으로 구멍을 내기 때문에 거실 창문을 열어둘 수가 없다. 방충망 손상도 문제지만, 혹시라도 방충망에 매달려 있다가 11층에서 떨어지면 어쩌나, 라는 생각에 가슴을 졸였던 게 한두 번이 아니다. 위험해, 하고 달려가지만 박치즈 씨는 태평스럽다. 딸아이의 표현을 빌리자면, 아빠는 고양이가 불편하다.

도대체 뭐지? 박치즈에 대해 아는 게 없기도 하지만, 소통 자체가 불가능하다고 느껴진다. 교육학 박사가 되기 위해 문학교육, 화법교육, 작문교육, 독서교육에 관해 공부해 왔다. 예외가 없진 않겠지만, 많은 이들에게 매너 있게 대하기 위해 노력해 왔고, 또 앞으로도 그러려고 한다. 그런데 이상하게 박치즈와의 대화는 자꾸 실패한다. 내가 아는 모든 공감적 듣기, 말하기 방법을 동원한다고 해도, 그와의 의사소통은 어긋날 때가 더 많다.

SNS에서 배운 반려동물과의 소통 방법 역시 별 소용이 없었다. 박치즈와의 공감적 대화는 불가능한 것처럼 느껴졌다. 발신자와 수신자의 조화로운 관계 맺기는 불협화음을 내며, 책과 방송에서 보던 동물과 인간의 아름다운 합일은 보란 듯이 파괴되고 만다. 나는 소리를 지르고, 그 녀석은 꼬리를 부풀리며 '냥-펀치'를 날린다. 그럴 때면 나는 화가 나서 궤변을 펼치기도 한다. 네가 우리 집/삶의 규칙에 적응을 못 하면 같이 살 수 없다고!

나도 안다. 이런 태도는 인간 중심적이며 썩어빠진 지배자의 언어이다. 이를 고상하게 관용 tolerance 이라는 용법으로 표현한다고 해서 달라지는 것은 없다. 왜냐하면 '관용'이라는 것은 주인과 노예, 혹은 주인과 이방인의 위치를 분명하게 분할하고, 지배자의 언어를 통해 피지배자를 지배질서의 규칙과 규범 속에 안착시키고자 하는 통치 전략이기 때문이다. 갑자기 말이 조금 어려워졌는데, 프랑스의 사상가 알랭 바디우는 이를 다음과 같은 문장으로 쉽게 정리한 바 있다.

"네가 나처럼 된다면, 너의 차이를 존중하겠다!"

관용은 사회적 소수자나 약자에 대한 시혜적 태도가 전제되어 있다. 관용의 언어는 철저하게 지배자의 언어이자 태도이다. 지금의 내 행동과 다를 바 없는 셈이다. 겉으로는 박치즈를 '환대'한다고 하지만, 어떻게 보면 나는 단 한 번도 그를 환대한 적이 없었다. 너무 부끄러운 말이지만, 심지어 박치즈가 없었을 때가 삶이 더 편했다는 생각을 한 적도 있다.

그렇다면, 관용과 환대의 차이는 무엇일까? 관용이 이방인을 지배질서의 삶과 법적 체계 속으로 진입시키는 시혜적 태도에 기반한다면, 환대는 지금까지와는 전혀 다른 방식의 삶과 법적 체계를 창조하는 구성적 자세를 강조한다. 환대는 이방인에 대한 마중과 배웅이 아니라, 갈등과 불화를 동반할 수밖에 없는 불편한 대화의 연속이다. 그것은 새로운 삶의 규칙 life-style 을 입안하는 과정이다. 그 과정은 불편하다. 일상의 리듬을 통째로 바꿔야 하는 변화를 동반하기 때문이다.

여기에서 우리는 자크 데리다의 『환대의 대하여』라는 뛰어난 안내서를 참고해 볼 수 있다. 비록 쉬운 책은 아니지만, 천천히 읽어보면 환대의 개념을 이해하는 데 큰 도움이 된다.

가족의 이름으로 대변되고 보호되는 '가족을 구성한' 이방인에게 제공된 환대받을 권리는 이방인에게 환대 또는 환대 관계를 가능하게 하지만, 그러나 동시에 환대 관계를 제한하고 금지하기도 한다는 점이다. 왜냐하면 이러한 조건하에서 사람들은 익명의 도래자 arrivant 에게, 또는 이름도 성도 가족도 사회적 위상도 없어서 이방인[외국인]으로 취급되지 못하고 야만적 타자로 취급되어 버리는 사람에게는 환대를 베풀 수 없기 때문이다. ...중략... 환대의 법은 절대적 환대가 권리나 의무로서의 환대의 법과 단절하기를, 환대의 '계약'과 단절하기를 지시하는 듯하다. 자크 데리다, 남수인 옮김, 『환대에 대하여』, 동문선, 2004, 70쪽

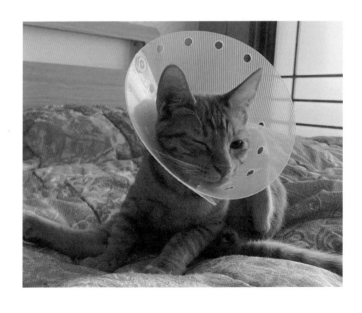

데리다가 가족이라는 범주를 통해 강조하고 있듯이, 환대는 주인이 손님이 되고, 또 손님이 주인이 되는 변증법적 전환을 의미한다. 쉽게 말해, 나는 주인이고, 너는 손님이라는 마음의 계약 관계를 허무는 일이 환대이다. 인간과 동물 사이의 의사소통 역시 이 지점에서 시작될 수 있다. 고양이와 함께 살아간다는 것은 철학이나 문학에 관한 이론적 실천이 아니다. 그것은 갈등과 화해, 불화와 조화의 변증법적 과정을 통해 새로운 삶의 자리를 만들어가는 과정 그 자체이다.

아침에 일어나서 조간신문을 읽으며 아내와 함께 향기로운 커피를 마시는 삶이 아니라, 고양이 밥과 물, 그리고 화장실을 챙기고 돌봐야 하는 과업이 부여되는 삶이다. 박치즈를 여러 날 혼자 둘 수 없기 때문에, 이제 여행도 자유롭게 못 간다. 모닝콜이나 알람도 필요없다. 박치즈는 새벽 5시만 되면 안방 문고리를 잡고 흔들며 우리를 깨우기 때문이다. 처음에는 잠을 설치고 짜증을 냈지만, 이제는 밤 10시가 되면 고양이와 인사를 나누고 잠자리에 들곤 한다.

조금은 적응이 되기도 했지만, 아직 이해하기 어렵고 불편한 점이 많으며, 또 그것 때문에 혹시 고양이를 집 밖으로 내몰게 되지는 않을지 두렵다. 고양이와 함께 살아간다는 것은, 인간 중심의 생활 방식이 아니라 전혀 다른 생의 규칙과 규범을 만들어가는 공존의 과정이다. 내가 거주하는 지리적,

타인

물리적 공간은 변화되지 않았으나, 그 성격은 이미 크게 바뀌었다. 데리다가 말하는 환대의 문지방이란, 바로 이러한 '경계 넘기'를 의미한다고 할 수 있다.

『환대에 대하여』는 만만한 책이 아니다. 하지만 조금만 세심하게 읽어보면, 환대의 장소가 지금 이 세계에 '없는 곳'이라는 점을 알 수 있다. 환대의 장소가 환상적 공간이나 유토피아라는 뜻이 아니다. 현실에서 '환대한다'라는 행위가 쉽지 않다는 의미이다. 가족과 집이라는 테두리를 넘어선 타자와의 만남과 동거는 사실상 거의 불가능하다. 환대란 결국 나의 가장 내밀한 관계와 공간을 포기하고, 그것을 타자와 함께 공유할 수 있을 때야 힘겹게 가능해진다.

문화 다양성 논의에서 인종, 민족, 지역, 환경, 성차, 세대 등의 차이를 넘어선 환대의 실천 가능성이 강조되는 것은 이 때문이다. 그러나 이를 인간적 관점에서만 이해하고자 하는 것은 곤란하다. 마사 누스바움이 『세계시민주의의 전통』에서 설명하였듯이, 그것은 인간이라는 범주에 국한되는 개념이 아니다. 환대란 지구적 존재에 이르는 관계의 재구성이다. 인간의 공간과 동물의 공간을 분할하고 나누는 길이 아니라, 인간과 동물이라는 비연속적이고 불가능한 타자의 공간에 접근해가는 시도이다.

그러나 꼭 모든 사람이 반려동물과 함께 살아갈 필요는 없다. 문학과 철학을 비롯한 인문학이 동물과 인간의 새로운 관계에 대한 훌륭한 사유와 시사점을 제공해주기 때문이다. 조너선 컬러는 『문학이론』에서 바버라 헌스타인 스미스 Barbara Herrnstein Smith 의 말을 인용하며, 인간과 동물의 다양하고 복합적 관계를 재설정하는 것은 쉬운 일이 아니지만, 문학은 그러한 논의를 시작할 수 있는 상상력을 제공해준다고 했다. 나 역시도 박치즈와 함께 살아가는 일은 실험적인 날들의 연속이다.

천국도 이보다 더 좋은 천국이 없다. 환대는 (불)가능하다.

세상의 모든 것이 자본주의의 상품이 되어버린 시대에 동물과 인간의 '공존'을 모색한다는 것은 정말 가능한 일일까? 어떤 구체적인 해답도 제시하기가 쉽지 않다. 다만, 나는 길 위의 생명을 통해, 아니 박치즈에게서 인문학의 가장 중요한 가치를 배울 뿐이다. 그것은 바로 인간과 동물의 종별 차이를 넘어선 환대의 사유이자 우리의 공간을 변화시키며 함께 살아가는 지혜이다.

이제, 치즈가 얇은 물컵을 아무렇지 않게 같이 쓴다. 아내가 잠들고, 거실에서 혼자 공부하고 있을 때면 무릎 위에 올라와 손과 팔을 부비며 그루밍하거나, 노트북을 놓아둔 식탁 위를 왔다 갔다 하며 나를 즐겁게 한다. 그러면 나는 봄눈처럼 녹아내리는 것이다. 박치즈의 온기가 내 심장까지 스며들어 일상의 모든 스트레스가 사라진다. 수많은 문학 작품과 비평문을 읽었을 때보다, 더 많은 내적 충만함이 밤별과 같이 반짝인다.

박치즈도 성장하고 있다. 발톱이 길어도 사람을 긁는 법이 없고, 내 착각인지 모르지만 입질도 점점 덜해지는 듯하다. 처음 만났을 때 두어 달 병원을 다녀야 했던 눈병과 이런 저런 속병도 좋아졌고, 털도 부드러워졌다. 물론, 나는 아직

자신이 없다. 그저, 반려동물과의 새로운 삶을 수용하며 살아가고자 노력할 뿐이다. 치즈가 내 얼굴을 핥거나 몸을 부비면, 이제 나도 함께 얼굴을 부비며 입을 맞춘다.

아내와 나는 가능하면 일찍 잠자리에 든다. 새벽이면, 박치즈가 아기처럼 안방 문을 열고 들어오기 때문이다. 측은한 마음이 든다. 새벽에 잠이 깬 아이처럼 애착담요를 물고 안방으로 와서 그르릉거린다. 태풍 속에 내던져진 새끼고양이에게 어떤 고통과 상처가 있었는지, 나는 알지 못한다. 어떤 마음으로 우리의 길을 막아섰는지 알 방법이 없다. 그러나 한 가지만은 분명하다. 비록 아픔과 상처가 있더라도, 박치즈는 용기 있는 고양이였다는 것.

자동차가 씽, 씽 달리는 무서운 횡단보도를 가로질러 우리 앞에 나타난 당신, 아니 삶과 죽음의 경계에서 환대의 방식을 사유하게 한 당신, 그 불가능한 환대의 문지방을 넘어온 당신을 우리는 환영하고 또 환영합니다.

# 장현정

작가이자 사회학자이며 호밀밭출판사 대표이다. 10대 후반부터 록밴드 활동을 했고 1998년 록밴드 '앤 ANN'의 보컬로 활동하며 1집 앨범을 발매했다. 부산대학교 사회학 박사 과정을 수료했고 『소년의 철학』『록킹 소사이어티』『무기력 대폭발』『삶으로 예술하기』『아기나무와 바람』 등의 책을 썼으며 『주4일 노동이 답이다』(공역)를 우리말로 옮겼다.

# '차가운 세계'를
# '따스한 집'으로

    기압의 균형을 맞추기 위해 바람이 부는 것처럼, 인간과 사회도 항상성을 유지하기 위해 쉬지 않고 운동한다. 그러면서 때로는 나아가고 때로는 퇴행한 흔적의 기록이 역사일 것이다. 그렇다면 오늘날의 세계는 어떤 모습으로 역사에 기록될까. 무엇보다 차별과 혐오의 어두운 기운이 스멀스멀 퍼지면서 어디랄 것 없이 만연해진 시대로 기록되지 않을까.

    무자비하게 상대를 주저앉혀야 환호하고, 진짜냐 가짜냐 보다는 얼마나 자극적이냐를 기준으로 대중의 관심이 쏠리고, 긍정의 기운보다는 적대와 증오와 조롱과 경멸이 더 빠르게 반응을 얻는 시대는 진지하게 삶의 가치를 더듬으려는 이들을 좌절시킨다. 네거티브의 아우라를 자산 삼아 이득을 얻으려는 이들이 바라는 바이기도 하다. 그들은 시민의 상식을 가진 사람들이 쉽게 피로감을 느껴서 하나씩 둘씩 체념하기를 바란다. 전 세계적으로도 환대와 긍정의 힘을 가진 사람보다 적대와 부정의 어두운 힘을 과시하는 사람들이 지도자로 선출되는 일이 잦아지고 있다.

    디지털 기술의 혁신으로 전 세계가 실시간으로 연결될

수 있게 되었다지만, 정작 사람들은 각자의 알고리즘 속에 갇혀 끼리끼리가 아니면 누구와도 연결되려 하지 않고 있다. 그러나 이렇듯 나부터 살자는 식의, 우리 편이 아니면 다 죽으라는 식의 과격하고도 노골적인 주장이 거리낌 없이 확산할수록 한편에서는 공존과 공감의 기반 위에서 인간으로서 최소한의 품위를 잃지 않기 위해 어느 때보다 절박하게 '환대 歡待'의 가치가 필요하다는 점도 강조되고 있다. 인류 역사상 지금처럼 풍요로운 시대가 있었나 싶을 만큼 거의 모든 것이 차고 넘쳐도 사람들은 대체로 더 불행해지고 있는데, 마땅히 있어야 할 것들은 정작 사라지고 있기 때문이다. 환대도 그중 하나다.

●

사전적 풀이로 환대 歡待 는, 기쁘게 맞이한다는 뜻이다. 뜻을 떠나 우선 크게 발음해보면, 양성 모음의 밝은 기운 때문인지 글자처럼 환하고 웅장해지는 기분도 든다.

'환 歡'이라는 글자에는 기쁘다, 사랑한다, 좋다 등의 의미가 담겨있다. 인생의 슬픔과 기쁨을 나타낼 때 쓰는 단어인 '애환 哀歡'이라고 할 때 쓰는 글자이니 단순하고 감각적인 기쁨보다 더 깊고 입체적인 기쁨을 나타내는 글자일 테다. '환 歡'은 성부인 '관 雚'에 사람이 입을 벌린 모습을 나타내는 '흠 欠'이 합쳐져 만들어진 글자인데 '관'은 신성한 새인 두루미를 의미했고 우리말 '두레'와 연결된다. 두레는 낮은 곳에서 높은 곳으로 물을 퍼 올릴 때 쓰는 농기구이다. 혼자 못 하니 함께 해야 하고 힘든 일을 함께하는 농촌의 품앗이조직 두레도 여기서 나왔다. 여기에 입을 벌리고 무언가를 바라는 '흠 欠'이 붙어있으니 '환 歡'이 나타내는 기쁨은 말초적인 기쁨이라기보다 함께 바라던 힘든 일이 이루어졌을 때의 느낌을 나타낸 글자라고 봐도 좋겠다.

'대 待'라는 글자에는 기다린다는 의미가 있다. 성부는 '사 寺'이고 의미부는 조금 걷는다는 의미의 '척 彳'이다. 절을 의미하는 '사 寺'는 원래 '간다[之]'는 글자와 혼용되었고 관청을 의미했는데 즉, 누군가를 대신해서 움직이는 일이나 그런 일을 하는 곳이라는 의미가 있었다. 예술 장르인 '시 詩'는 말이 가는 대로 둔다는 뜻이고, 동학의 중요한 태도 중 하나이기도 한 모신다는 의미의 '시 侍'도 대신 움직이는 사람이란 뜻을 가졌다. 그래서 고대에는 측근에서 섬기는 사람을 '사인 寺人'이라고 했는데 이들을 종합해서 생각하면 '대 待'의 기다린다는 의미를, 섬기기 위해서 대기한다는 의미로도 해석할 수 있겠다.

요컨대 나는 '환대 歡待'라는 글자를, '함께 어려운 일을 이뤄내 기뻐할 수 있도록 아주 조금씩 움직이며 모시는 일'로 받아들이고 있다.

환대는, 영어로는 'hospitality'에 해당한다. [1] 원시 인도 유럽어 어근 PIE 으로 주인, 손님, 이방인 등을 두루 의미하며 그래서 이후 주인 host 을 의미하기도 하지만, 동시에 손님과 침입자라는 상반된 단어들로도 분화했다. 낯선 이를 보살피는 병원 hospital 이나 죽음을 앞둔 환자를 보살피는 호스피스 hospice 같은 단어와 동시에 인질 hostage 이나 적개심 hostility 같은 말과도 어원을 공유하는 것이다.

'filoxenia'도 고대 성서에 자주 등장하는 환대를 의미하는 단어이다. 예를 들어, "성도들이 쓸 것을 공급하고, 손님 대접에 힘쓰라." 로마서 12:13 , "나그네 대접에 소홀하지 말라." 히브리서 13:2 , "절제하며, 신중하며, 단정하며, 나그네를 대접하며, 가르치기를 잘하며…" 디모데전서 3:2 , "오히려 그는 손님을 잘 대접하며, 선행을 좋아하며, 신중하며, 의로우며, 경건하며…" 디도서 1:8 , "불평하지 말고 서로를 따스하게 대접하라." 베드로전서 4:9 등인데 여기서 사용된 'filoxenia'는, 'filos'와 'xenos'의 합성어이다. 'filos'는, 지혜를 사랑한다는 의미의 '철학 philosophy'의 어원을 아는 사람은 금방 알 수 있듯 '사랑'을 의미하고 'xenos'는 외국인 혐오를 나타

---

1    https://www.etymonline.com

환대

넬 때 주로 쓰이는 'xenophobia 제노포비아'에서 볼 수 있듯
이방인을 의미한다.

요컨대, 서양에서의 환대는 손님인지 침입자인지 분간
할 수 없는 상황에서라도, 낯선 이를 사랑하라는 의미를 담
고 있으며 나아가 주인과 손님과 침입자가 사실은 하나임을
의미하고 있기도 하다.

●

이런 어원들을 살피면서 나는 오늘날 환대가, 해방되
었다고 착각하는 현대의 '개인'을 다시 '공동체'로 불러들
여 치유하는 행위라고 정리해보게 된다. 사회학자 뒤르켐
E. Durkheim 의 말처럼, '사회가 앓는 병은 불가피하게 개인
도 앓게 된다.' 개인이라는 불완전한 존재 양식으로 이 거대
하고도 차가운 세계를 통과할 수 있으리라 생각한 것 자체가
애초에 불가능한 꿈은 아니었을까. '나르시시즘'이라는 왜소
한 무기로 이 우연하고도 불인 不仁 한 세계를 돌파하려다 시
름시름 앓게 되고야 만 것이 지금의 우리 모습 아닐까.

애초에 나와 너라는 분법 分法 자체가 성립할 수 없는 것
이었는지도 모른다. 인간의 최초 존재 양식은 '복수 複數'였
다. 엄마의 뱃속에서 나오는 순간부터 '단수 單數'가 되고, 이
후 평생 분리불안을 트라우마처럼 안고 살아가야 하는 게

인간의 생래적 한계이기도 하지 않는가. 주인 host 과 손님 guest 이라는 분법도 허상이고, 자국인과 이방인이라는 개념도 허상일 수 있다. 룰 rule 은 정하기 나름인데, 늘 지배자 ruler 가 정한다는 게 문제다.

환대는 근대라는 시기에 발명된 더는 쪼갤 수 없이 분리된 '개인 in-divide'이라는 질병을 치유하고, 사실은 우리가 공동체 안에 있을 때 비로소 세계와 합일 合— 할 수 있음을 깨닫게 한다. 철학자 한병철은, "리추얼은 공동체가 보유한 가치들과 질서들을 반영하고 전승"하며, "'공동체 없는 소통'이 만연한 시대에, '소통 없는 공동체'를 만들어낸다"[2]고 했는데 여기서 말하는 리추얼도 다름 아닌 누구나 주인이 되고, 누구나 손님이 되는 환대의 행위와 상호실천의 영역을 가리킨다고 생각한다.

환대란 단순히 자신의 우월함을 바탕으로 '받아준다는' 식의 톨레랑스 같은 개념도 아니다. 자기와 똑같은 자리를 내어주는 행위, 나아가 자신이 그가 되는 행위, 다시 말해 그를 나로 만드는 행위이다. 그게 아니라면 헤겔이 말한 '주인과 노예의 변증법'처럼 양상만 달라질 뿐, 같은 구조가 끊임없이 반복될 공산이 크다. 이것은 사랑에 대한 이야기이기도

---

2    『리추얼의 종말』, 한병철, 2021, 김영사, 8p

하다. 근대의 '낭만적 사랑 romantic love'이 '나'와 '너'라는 두 '개인'을 전제로 이루어진 것이었다면, 기든스 **A. Giddens** 가 말하는 '합류적 사랑 confluent love'은 서로 달랐던 존재가 만나 하나가 된 '우리'를 전제로 하고 있다. 낭만적 사랑이 등장한 이후 수많은 근대인이, "어떻게 사랑이 변하니!"[3]라고 절규하며 사랑을 위해 목숨도 내던질 수 있을 것처럼 행동해왔지만 사실은 신혼 첫날 밤에 평생을 함께할 반려자와 처음 만났음에도 무난하게 백년해로한 오래전의 부부들보다도 더 서로를 못 견뎌 하고 있다.

●

환대는, '여기 here, not there'가 당신의 자리라고 알려주는 실천이다. 자기 자리 자체가 없는 사람들의 고통으로 연일 뉴스가 도배되고 있지만, 당신의 자리도 있다고 손 내미는 것을 넘어 원래 여기가 당신의 자리였다고 고백하는 행위. 그래서 더 섬세해질 필요도 있다. 어린 시절 남의 집에서 성장한 사람이라면 주위 사람들이 잘해줄수록 오히려 눈치를 보게 된 경험이 있을 것이다. 환대를 동정이나 시혜 같은

---

3    영화 〈봄날은 간다〉, 허진호 감독, 2001

것과 혼동해 무턱대고 손을 내밀면 오히려 상대에게 무력감을 줄 수도 있다.

어쩌면 함께 나누고 공유하는, 일견 덧없어 보이는 노래와 이야기야말로 환대의 가장 훌륭한 도구인지도 모르겠다는 생각이 든다. 노래와 이야기는, 서로 다른 우리를 하나로 만들며 이 차갑기 그지없는 세계를 비로소 따스한 집으로 만들어준다. 어릴 때, 집에 온 손님은 빈손으로 돌려보내지 말라고 강조하시던 어머니 말씀이 떠오른다. 집배원이든, 짜장면 배달부든, 집에 들인 사람에게는 한여름이라면 냉수 한 잔이라도 마시게 해서 돌려보내라고 하셨는데 이제야 그 마음을 조금쯤 헤아려보게 된다.

일찍이 주류 역사학계의 기존 관점에서 벗어나 민중의 관점에서 역사를 서술하며 미국의 양심으로 불렸던 하워드 진은 한국에서 찾아간 청소년들이 "우리가 평생 지켜나가야 할 소중한 가치가 무엇이라고 생각하는지" 물었을 때 잠시 침묵한 뒤 '친절 kindness'이라고 답한 바 있다.[4]

세상에서 가장 반항적이고 시니컬한 소설가라 해도 좋을 커트 보니것조차 자신이 쓴 소설 속 인물의 입을 빌려 말한다. "안녕 아가들아, 지구에 온 걸 환영한다. 여긴 여름엔

---

4    시사IN 제89호, "인디고 아이들, 세계를 놀라게 하다", 2009

타인

덥고 겨울엔 춥단다. 그리고 둥글고 축축하고 시끌벅적하지. 여기선 고작해야 백 년 정도밖에 못 살아. 내가 딱 하나의 규칙만 알려줄게. '젠장, 넌 꼭 친절해야 해.'"[5]

공자는 논어 論語 위령공 편에서 제자 자공이, "제가 평생 실천해야 할 하나의 말이 있습니까?"라고 묻자, "너그러움이다[其恕乎]!"라고 했다. 용서, 받아들임 등으로 해석되는 '서 恕'는, 같을 여 如 와 마음 심 心 이 합해진 글자로 '타고난 마음처럼'이라는 의미를 담고 있다. 공자가, 자신만만하고 스스로 뛰어나다는 것을 잘 알고 있던 자공에게 이 말을 했다는 점은 특별하다. 공자는 자공이 자의식 ego 을 버리고 다른 존재들과 서로 이어지길 바랐을 것이다.

동학에서는 '섬김', '모심'의 가치를 역설한다. 모든 사람 하나하나가 주인[天主]이고 그들을 '모시는 마음[侍天主]'을 교리로 삼은 동학의 정신은 곧 지금 우리에게 꼭 필요한 환대의 정신이다.

환대에는 동양 사상을 대표하는 '유불선'의 핵심도 녹아 있다. 유교의 핵심이 '화이부동 和而不同 '이니 같은 입장과 같은 배경을 가진 사람들끼리만 어울리는 건 군자의 일이 아니다. 도교의 핵심은 '상선약수 上善若水 '인데 물은 튀어나온 곳

---

5    Kurt Vonnegut Jr, 『God Bless You, Mr. Rosewater』, Holt, Rinehart and Winston, 1965

이든 꺼진 곳이든 가리지 않고 모두 채운 다음에라야 나아가니 큰 깨달음을 준다. 불교의 핵심은 '인연 因緣'이니, 즉 '관계'이다. 우주는 독백 mono-logue 이 아니라 대화 Dia-logue 를 통해 비로소 채워지고 우리는 환대를 통해, 동어반복의 인간은 끝내 알 수 없을 아름다움의 세계로 스며든다.

●

환대는 어느 때보다 중요한 가치이긴 하지만 아마도 요즘 사람들의 관심을 얻기는 쉽지 않을 것이다. 반지성주의가 팽배한 시대에 지나치게 지적인 분위기를 풍기기 때문이다. 대신 사람들은 이 환대의 가치를 다른 방식으로 환기하며 퍼트린다. 최근 화제가 된 드라마 〈나의 해방일지〉를 통해 유행하는 '추앙'이라는 말이 좋은 예다. 이 드라마의 마지막 화에서 극 중 염미정은 상대인 구 씨에게 기어코 말한다. "**앞으로도** 그렇게 환대해."라고.

환대는 쉬운 일은 아니다. 그것은 단순히 개인과 개인 사이의 문제가 아니라 서로를 둘러싼 계급, 종교, 인종, 지역, 세대, 젠더, 무엇보다 '능력' 같은 이상한 집단적 정서와 문화를 그 배경으로 하기 때문이다. 그럼에도 환대는 근대적 주체인 개인이 불완전한 존재 양식임을, 함께할 때 비로소 완성될 수 있는 존재임을 성찰하게 해준다. 인 仁 도 글자

모양처럼 사람이 둘 있어야 가능하다. 관계 속에서만 가능하다. 반면, 이 利와 같은 글자에는 칼이 들어있다. 분 分도 그렇다. 칼을 드는 용기도 필요할 테지만, 칼을 버릴 수 있는 용기는 훨씬 더 숭고하고 아름답다. 더 인간의 길에 가깝다. 환대의 용기가 절실하게 필요한 요즘, 마종기 시인의 시 한 구절을 떠올려본다.

"착한 당신, 피곤해져도 잊지 마.
아득하게 멀리서 오는 바람의 말을."[6]

6    마종기, 『안 보이는 사랑의 나라』, 문학과지성사, 1980, '바람의 말' 中

# 차윤석

부산대학교 도시공학과를 졸업하고 도시디자인을 공부하기 위해 베를린공과대학 건축학과로 유학해 학부와 석사 과정을 마쳤고 이후 여러 건축사무소에서 실무 경험을 쌓았다. 단독주택부터 대형 쇼핑몰까지 여러 스케일의 건축 작업과 아부다비 메트로 프로젝트, 카타르 루자일 경전철 프로젝트 등의 도시 스케일 작업에 참여했고 독일 건축사를 취득하였으며 귀국 후 동아대학교 건축학과 교수로 재직 중이다.

# '환대'받지 못하는
# 건축

Herzlichen Glückwunsch! Francis

축하해! 프란시스

'환대'라는 단어를 사용하기 위해서는 몇 가지 조건이 필요해 보인다. 그 중 가장 중요한 조건은 '환대'라는 단어에는 기본적으로 **관계**가 정의되어 있다는 것이다. 최소한 환대를 받는 사람과 환대를 하는 사람, 이 둘이 필요하다.

올해 세계 건축계의 가장 큰 환대를 받은 사람은 서아프리카의 Burkina Faso 부르키나 파소 출신의 Diébédo Francis Kéré 디베도 프란시스 케레, 이하 케레, 1965 ~ 라는 건축가이다. TU-Berlin 베를린 공과대학 에서 건축을 공부하였고, 베를린에 자신의 사무실을 열고 활동하고 있다. 필자가 입학했을 당시 그는 Diplom Arbeit 디플롬 아르바이트, 졸업 작품 를 준비하면서, 자신의 졸업 작품을 짓기 위한 모금활동을 하고 있었다. 필자가 그와 이야기를 나눈 것은 겨우 두세 번에 불과하지만, 당시 그는 상당히 열정적인 사람이었던 것으로 기억된다. 여기저기 돌아다니면서 보이는 학생들을 붙잡고, 얼마라도 좋으니 자신의 프로젝트에 기부를 하라고 설득을 하고 있었다. 그 열정에 결국 넘어간 필자도 주머니에 고이 모셔놓았던 그날의 담배 값을 기부했던 것으로 기억한다. 물론 필자뿐 아니라, 학교에서 '케레'와 마주치는 사람은 예외 없이 그의 이야기

프란시스 케레
ⓒ프리츠커상 홈페이지

를 들어야 했던 것 같다. 전 세계 어디나 마찬가지겠지만, 학생들은 가난하다. 하지만 액수가 중요한 것이 아니라, 학생들의 주머니에서 쌈짓돈을 내어 놓게 만든 이유가 중요하다. 자신의 고향 마을인 Gando 간도 에 초등학교를 지어야 한다는 것이다. 그 고향 마을의 상황이 어떤지, 그리고 자신이 하고 있는 프로젝트를 통해 무엇을 하고 싶은지에 대해, 그리고 그 일의 **'가치'**에 대해서 자세히 설명해 주기 시작했다. 다행히 약 50,000달러 정도의 자금이 모였고, 이는 그의 첫 번째 프로젝트를 실현하기에 충분했다. 학교의 여러 교수들 또한 이 프로젝트에 여러 도움을 주었다. 험난한 과정이긴 했지만, 그는 자신의 고향 마을 주민들과 함께 학교를 지어냈다. 물론 주민들을 설득하는 것이 쉽지는 않았다고 한다. 가

난한 아프리카의 조그만 나라에서 유럽에 유학까지 한 사람이 금의환향한 것까진 좋았으나, 진흙으로 학교를 짓겠다고 한 순간 주민들의 반대에 부딪혔고, 이를 설득하기 위해 꽤 많은 시간이 필요했다고 한다. 어쨌거나 프로젝트를 진행하기 위해 그가 했던 노력들, 기부를 했던 사람들, 프로젝트를 도와준 교수들, 건설에 참여한 주민들과의 **'관계'**와 좋은 의도가 사회적 요구와 잘 맞아 떨어졌으니, **'환대'**를 받는 것은 당연한 일일 것이다. 어쨌거나 "*Herzlichen Glückwunsch! Francis.*" 축하드려요! 프란시스

간도 초등학교  ©프리츠커상 홈페이지

## "우리의 '건축'은
## '환대'를 받을 '가치'가 있는가?"

　이 질문에 대해 단순히 "예", "아니오"로 답변할 수 있으면 얼마나 좋을까라는 상상을 해본다. 만약 "예"라고 대답할 수만 있다면, 이 글은 여기서 끝을 내어도 무방할 것이다.

　하지만 정말 안타깝게도 "아니오"라는 대답으로 시작을 할 수 밖에 없을 것 같다. 물론 필자 개인의 의견이고 대답이다. 따라서 필자의 주관이 개입될 수밖에 없으며, 이런 관점에 대해 거부감을 가지는 분들도 분명히 있을 것이라고 생각된다. 또는 외국에서 오래 살다 와서 우리나라의 실정을 잘 모르는 이방인의 시선으로 잣대를 들이대는 것이 아니냐는 우려도 있을 것이다. 조금 극단적으로는 "네가 건축을 얼마

간도 초등학교　ⓒ프리츠커상 홈페이지

나 했다고, 건방지게 이런 이야기를 하느냐?"며 펄쩍 뛸 분들도 계실 것으로 생각된다. 하지만 필자의 의도는 단지 비판을 위한 비판이 아닌 **"자기반성"**에 목적을 두고 있다는 점을 밝혀두고자 한다. 또한 한 걸음 물러서서 제삼자의 시선으로 무언가를 바라보고 논하는 것이 때로는 내부에서 보지 못하는 점들을 파악하는데 유용한 방식일 수도 있다는 것이 필자의 지론이며, 이는 읽으시는 분들께서도 충분히 납득할 수 있을 것으로 믿는다.

여러 사람들과 건축에 대해 이야기하다보면, 가장 많이 듣는 소리 중 하나가 건축하는 사람들은 자기들만의 **'이상적인 시선'**으로 사회를 바라본다는 것이다. 하지만 건축주의 입장으로 이들과 만날 때는 반대로 굉장히 **'현실적'**이라는 것이다.

자기들만의 이상적인 시선으로 사회를 바라본다는 것, 그리고 현실적이라는 것. 이 두 가지가 오늘날 우리 건축이 스스로의 가치를 규정짓는 핵심일 수 있다는 생각이 문득 들었다. 이 두 가지 가치를 다른 말로 포장하면, **'사회적 가치'**와 **'시장적 가치'**로 표현할 수 있을 것이다. 살짝 경제학적인 냄새가 풍기긴 하지만, 기본적으로 우리가 살고 있는 세상을 크게 이렇게 두 가지로 구별하는 것도 하나의 방법이니 큰 무리는 없을 것으로 믿고, 우선 이야기를 계속 이어가자. 결론부터 이야기하면 현재 우리 건축은 **'시장적 가치'**와 **'사회적 가치'**를 제대로 만들어내지 못하고 있다. 그리고 우리 건축이 가지고 있는 문제점의 대부분은 이 현상과 관련이 있다. 물론 시장적 가치와 사회적 가치란 규범은 건축에만 해당되는 것은 아니다.

건축도 일단 직업에 속하니, 시장의 규범이 지배하는 세계의 일부로 작용할 수밖에 없다는 점은 인정을 해야 한다. 어떤 직업을 가진 사람이나 기본적으로 먹고는 살아야 되니, 건축 하는 사람은 돈을 밝혀선 안 된다는 말로 필자의 의도를 왜곡하지는 말아주길 바란다. 또한 직업을 떠나서 세계를 구성하는 모든 요소들은 사회적 규범을 따르기 마련이다. 그리고 이 둘 사이에는 서로 침범하지 말아야 할 아주 미묘한 경계가 있으며, 이 경계를 언제, 얼마나 넘는지에 따라서 우리 사회는 문제없이 잘 돌아가기도, 그렇지 않기도 한다.


## 우리 건축은 어떻게 스스로의
## 가치와 규범을 만들어 왔을까?

2022년을 기준으로 우리가 하고 있는 현대 건축의 방식 **교육이든 실무든 관계없이** 은 서양식이라고 보아도 무방할 것이다. 우리나라에서 건축에 관한 고등교육은 일제강점기에 설립된 관립 경성고등공업학교 건축과에서 처음 이루어진 것으로 알려져 있다. 1907년 1기를 모집하여, 최초로 서양식 기술과 공업에 관한 교육이 이루어졌다. 1946년까지 존재했으며, 광복 후 서울대학교 공과대학의 건축학과로 개편되어 오늘에 이르고 있다. 따라서 아무리 길게 본다고 하더라도 우리나라에서 이루어지고 있는 현대 건축 **여기서 현대 건축이란 표현은 현재 우리가 배우고 알고 있는 서양 건축학을 의미한다, 오해 없으시길 바란다.** 의 역사는 약 120년 정도라고 보는 것이 타당할 것이다.

서양 건축학의 기원을 정확히 언제라고 밝히는 것 또한 무리가 있으나, 최초의 문헌인 비트루비우스의 "건축십서"를 기준으로 본다면, 약 기원전 20~30년 정도로 추정된다. 물론 "건축십서"의 내용을 살펴보게 되면, 이전에도 분명 무언가가 더 있었음은 짐작할 수 있으나, 증명할 수 없는 부분이므로 넘어가도록 하자. 단순 비교는 분명히 무리가 있으나, 산술적으로 보아도 우리가 하고 있는 서양식 건축에 대한 학문적 기원과는 약 2,000년 정도의 차이가 있다. 또한 우리나라의 서양식 건축은 일제강점기 시절 도입되었으니, 원본이 도입된 것이 아니라 일본식으로 수정된 복사본이라고 보아도 무방하겠다.

오늘날 우리는 건축이란 개념이 무엇인지 대강은 알고 있으며, 주변에서 항상 경험하고 있다. **여기서 우리가 문제 삼아야 할 것은 서양식 건축이 도입된 과정이고, 그것이 남긴 '인상 Imprint'이다.** Konrad Zacharias Lorenz 콘라트 로렌츠, 1903년 ~ 1989년 란 이름은 생소할 수 있지만, 거위와 오리에 대한 연구를 통해, 조류는 태어나서 처음 본 움직이는 물체를 어미로 인식하는 본능을 갖고 있음을 발견한 학자라면 다들 알고 계실 것이다. 오리가 태어났을 때, 처음 본 물체를 어미로 인식하듯이 사람 또한 마찬가지다. 대부분의 경우, 처음 접하는 것이 향후 그와 같은 것, 또는 유사한 것을 판단함에 있어 **'준거 Reference'**가 된다. 삼시세끼를 미슐랭 레스토랑에서 밥을 먹던 사람도 언젠가는 집밥을 그리워하는 것처럼, 아무리 좋은 집에서 사는 사람도 어린 시절 살았던 조그만 집과 동네의 풍경을 그리워하는 것은 자연스러운 일이며, 본능이라고 할 수 있을 것이다.

다시 본론으로 돌아가자. 여기서 우리나라 최초의 근대 건축물이 무엇이며, 그것의 가치가 어떤지를 논하는 것은 큰 의미가 없다. 현재 살고 있는 사람들의 머릿속에 남아 있는 전체적인 인상과 그것에 대한 기억이 중요하다. 우리나라 현대 건축의 역사를 120년 정도로 한정한다고 치자. 과연 120년이란 시간 동안의 건축물들과 풍경이 오늘날 얼

터이

부르키나파소 기술연구소 ⓒ프리츠커상 홈페이지

마나 남아있을까? 거의 없다고 해도 과언은 아니다. 통계적
수치로 보아도 극소수를 차지하고 있으니, 큰 의미가 없기
는 마찬가지다. 그렇다면, 19세기 후반이나 20세기 초반에
태어나서 살았던 사람들의 머릿속에 남아 있는 기억은 절대
다수를 차지하고 있던 조선시대 후기의 건축물들 사이로 군
데군데 끼어있던 일본식 건축물이 만들어낸 풍경이었을 것
이다. 물론 서울 중심과 일부는 다르긴 했으나, 이는 크게
중요하지는 않다. 현재 우리의 초점은 절대 다수를 이루고
있던 인상이기 때문이다. 한국전쟁 이후 태어난 세대들은
전쟁의 폐허, 그 이후의 세대에게는 소위 양옥이라는 집들
로 뒤덮인 풍경일 것이다. 그리고 MZ 세대에게는 아파트 단
지일 것이다.

조금 범위를 좁혀 현재를 살고 있는 우리들의 머릿속에 각인된 인상을 살펴보자. 불과 120년 남짓한 세월을 거치면서 서너 번의 거대한 변화가 있었고, 이를 주도한 원인은 우리가 '가치를 부여하고자 하는 건축'과는 너무나도 큰 괴리가 있었다고 보아도 무방할 것이다. 그리고 사실 120년이란 시간은 어떤 사조나 양식, 주의 -ism 가 들어와서 자리를 잡기에도 그리 넉넉한 시간은 아니다. 시간과 변화를 고려하여 냉정하게 판단하면, 우리가 현재 시점에서 경험하고 있는 건축의 수명은 길어야 삼사십 년 정도밖에 되지 않았다는 의미이다. 이와 더불어 1990년대 후반, 2000년대 초반 인터넷과 정보기술의 발달로 해외의 새로운 경향들이 물밀 듯이 밀려들어오니, 질풍노도와도 같은 혼란의 시기를 겪었다고 해도 과언은 아닐 것이다.

여기에 어설픈 정책과 이벤트까지 겹쳐지니, 마치 무슨 한풀이라도 하듯이 새로운 건물들을 지어내기 시작한다. 과도기라는 말로는 표현하기 힘들 정도의 변화라고밖에 표현할 방법이 없다. 몇 년 만에 도시가 하나 들어서고, 새로운 건물들이 들어와, 지금까지 우리가 알고 있던 풍경과 기억들을 송두리째 바꿔버린다. 그리고 이러한 건물들은 무슨 근거를 가지고 있는지는 모르겠으나, 서로 자기가 좋은 건축이라고, 이렇게 하는 것이 건축이라는 주장을 펼치고 있다.

## "그래서 건축의 가치는?"

인간은 물론 지성을 가진 생명체이며, 이성적으로 판단할 수 있는 합리적인 존재이긴 하나, 그 능력과 지성에는 분명 한계가 있다. Herbert A. Simon 허버트 사이먼, 1916년 ~ 2001년 의 주장처럼, 인간은 모든 것을 동시에 파악하고 이해할 수 있는 무한한 인식능력을 가진 존재가 아니라, '제한된 합리성 Bounded rationality '을 가졌다고 보는 것이 타당하다. 상대적으로 짧은 시간, 너무나 급격한 변화, 그리고 '제한된 합리성'이 이끄는 결과는 자명해 보인다.

## "이해하기 위한 의지의 포기"

우리가 무언가를 알고 이해하기 위해서는 우선 알고자 하는 '의지'가 필요하다. 만약 이해하고자 하는 대상이 인식능력을 벗어난다는 판단이 드는 순간, 이해하고자 하는 의지조차 생겨나지 않는다. 그냥 그런가보다 하고 받아들이거나, 마치 아무런 관계가 없는 듯 무시하게 된다.

일종의 현실 도피라고도 할 수 있을 것이다. 하지만 이렇게 포기한 시점부터는 아주 흥미로운 현상이 나타난다. 그것이 무엇이든지 기존의 '가치'는 중요하지 않다. 여기서 기존의 가치는 서양 건축의 그것 정도로 이해하면 되겠다. 어

현대받지 못하는 건축

부르키나파소 국회  ⓒ프리츠커상 홈페이지

차피 알기도 어렵고, 원래 우리 것도 아닌데, 굳이 그것을 이해하려고 해서 무엇하겠는가? 그럼에도 불구하고 어쩌다 보니 우리도 하고는 있으며, 어느 순간부터 누구나 다 그것이 필요하다고 하고, 실제로 필요하게 되었다. 수요가 창출되는 것이다. 수요가 창출되는 시점에서 '**가치**'란 것이 필요해진다. 왜냐하면 '**시장**'이 형성되기 때문이다. 지금까지 시장에 없던 새로운 상품이 등장하게 되면, 물론 상품의 성격에 따라 다르긴 하지만, 상품의 '**시장적 가치**'는 '**사회적 가치**'를 동반하기도 한다. 특히 건축과 같은 '**공공재**'의 성격 엄밀하게 말하자면, 건축을 공공재로 분류하기에는 무리가 있다. 하지만 공공재의 성격이 없다고 하기도 힘들기 때문에 이런 표현을 사용했다고 이해해 주시기 바란다. 을 가진 상품일수록 이런 현상은 더욱 두드러지게

타인

나타난다.

　　문제는 이제 누가 첫 번째로 '가격'을 매기냐는 것이다.
오히려 '가치'란 이제부터 만들어나가야 하는 것이다. 다시
말해 누가 되었든지 먼저 선점하는 것이 중요해진다. 이렇게
하는 것이 좋은 건축이고, 여기에는 얼마의 가치가 있다는
규범을 정해주면, 그 규범이 바로 **'준거 Reference '**가 된다.
여기까지는 큰 무리가 없는 과정이다. 무언가가 사회에 자리
잡기 위한 지극히 자연스런 과정이라고도 할 수 있다. 그리
고 여기에서 우리 건축의 문제점이 나타나고 있다. 우리 건
축의 '준거'는 수명이 짧다는 것이다. 앞서 언급했듯이 짧은
역사와 급격한 변화, 부족한 이해가 만들어낸 현상이다. 그
리고 이러한 현상은 건축이 '시장적 가치'뿐 아니라, '사회적
가치'를 대변하지 못하고 있다는 반증이 된다. '가치'를 대변
하지 못하니 사회에 자리 잡기는 힘들어진다. 괴리가 발생하
고, 잡음이 끊이지 않을 수밖에 없다.

　　'준거'의 역할은 상당히 중요하다. 그것은 단지 어떤 특
정 시점의 기준이 될 뿐만 아니라, 향후 나타날 동일하거나
유사한 현상에 대한 판단의 기준이 되기 때문이다. 앞서 언
급했듯이 조금 무리가 있는 주장일 수는 있으나, 앞으로 부
르키나파소에서 태어나고 자라날 아이들은 '케레'의 건축을

'준거'로 삼아, 건축을 대할 것이다. 디자인이 화려하지도, 많은 돈을 들이지도 않았다. IoT니 스마트 건축이니 하는 특별한 기술이 들어간 것도 아니다. 하지만 다음 세대의 아이들은 자기 고향 마을 출신의 건축가가 지역을 위해서 자신들이 다니고 있는 학교를 설계했고, 자신들의 아버지, 어머니가 손수 진흙으로 벽돌을 만들고, 바닥을 다져서 학교를 지었다는 이야기를 듣고 자라날 것이다. 그 학교에서 공부를 한 학생들 중 일부는 기술연구소에서 일을 할 것이다. 만약 다치면, '케레'가 설계한 병원에서 치료를 받을 것이다. 그리고 그 모든 **'과정'**이 우리의 미래를 위해서라는 말도 들을 것이다. 이런 경험을 하고 자랄 아이들이 건축을 대하는 태도는 분명 다를 수밖에 없을 것이다. '케레'는 비록 화려하진 않지만, 그 지역의 '사회적 가치'를 결정하는 '준거'를 마련해 준 것이다. 그리고 그가 보여준 '가치'는 '환대'를 받아 마땅하다.


## 우리의 다음 세대는
## 어떤 건축의 가치를 보고 자랄 것인가?

올해 프리츠커상 수상에 대해 여기저기에서 다양한 의견이 주변에서 들리고 있다. "프리츠커상 심사위원들의 개인적 의견이 너무 강하게 반영이 되었다.", "심사기준이 모호하다." 혹은 "프리츠커상도 이제 PC Political Correctness, 정치적

**올바름** 의 영향을 받느냐?" 등의 이야기들이다. 유튜버를 겸하고 있는 모 대학교수는 본인이 심사위원을 직접 만나기도 했으며, 수상의 기준이 이해가 가지 않는다는 이야기를 하면서, 이제는 군이 프리츠커상을 받는 건축이 좋은 건축의 기준이 되기 힘들지 않겠냐는 의견을 내기도 했다. 만약 필자가 그분 방송의 의도를 왜곡하였다면, 미리 사과를 드리는 바이다.

물론 지난 몇 년간 경향을 보면, 지금까지 알고 있던 프리츠커상의 수상 경향과 분명 다르다. 이 부분에 대해서 필자는 수차례에 걸쳐 이야기했고, 그 방향성에 대해 개인적으로 찬성하고 있다. 이제 프리츠커상은 더 이상 특정 결과물

레오 외과클리닉/건강센터 ⓒ프리츠커상 홈페이지

을 평가하지 않는다는 방향성을 확고히 정한 것처럼 보인다. 나중에 어떻게 바뀔지는 모르겠으나, 분명 한동안은 이러한 방향성을 유지할 것이다. 건축의 '가치'는 결과물을 떠나서 이야기하기 힘들다. 하지만 '과정'이 없는 결과물 또한 존재할 수 없다. **'결과의 정당성'**과 **'과정의 정당성'**은 분명히 다른 문제이기도 하고. 가장 이상적인 세계에서는 이러한 정당성을 모두 충족시키는 것을 좋은 건축이라고 할 것이다. 하지만 현실에서 하나만을 선택할 수밖에 없는 순간이 온다면, 우리 건축은 어떤 선택을 할 것인가? 그 선택에 따라 다음 세대가 가질 건축의 '준거'와 '가치'가 결정될 것이다. 그리고 우리 건축이 과연 '환대'를 받을 수 있는지도.

간도 초등학교 시공에 참여한 주민들  ⓒ유튜브 캡처

## 이한석

1990년대 말부터 지금까지 불모지였던 해양건축 분야에서 선구자 역할을 하면서 지속적인 연구 및 교육 활동을 통해 우리나라 해양건축의 발전에 기여하였으며 현재는 해양수산부 기술자문위원회 위원으로 활동하고 있다.

# 위기의 시대,
# 환대의
# 해양건축

## 위기의 시대

우리가 살고 있는 21세기 초반, 능히 위기의 시대라고 불릴 만하다. 이 시대를 휩쓸고 있는 위기의 징후는 정신세계, 사회현상, 경제상황 등 여러 분야에서 발견되나 특히 기후위기로 인한 대규모 자연재난의 임박, 지구 곳곳에서 벌어지고 있는 참혹한 전쟁, 코로나 19로 대표되는 치명적인 전염병의 팬데믹 상황 등은 인류 자체가 멸망할지도 모르는 위기의 조짐이며 지구인 모두가 직접 체감할 수 있는 대규모 징조이다.

유엔 산하 기후변화에 관한 정부 간 협의체 IPCC는 5차 보고서 이후 8년 만인 2021년 8월에 실무그룹 1의 6차 보고서를 발간했다. 보고서에서 눈에 띄는 내용은 2011년부터 2020년까지 지구 기온이 산업화 이전 대비 섭씨 1.09도나 상승했고 이산화탄소 농도는 391ppm에서 410ppm으로 늘어난 것이다. 이러한 급격한 상승은 대부분 인간의 활동으로 생겨났으며, 이로 인해 세계는 대홍수, 폭염, 대규모 화재 발

독일 대홍수 ⓒ경향신문, 2021. 07. 17

생, 해수면 상승 등 자연재해로 고통을 받고 있다. 적극적인 탄소 중립 조치를 취하지 않으면 인류가 공멸할 위기에 처할 것이라고 경고하고 있다.

또한 2022년 2월에 발간된 실무 그룹 2의 6차 보고서는 기후위기의 부정적 영향을 피할 수 없다고 인정하고 기후변화에 따른 피해를 분석하며 복원력 회복과 기후 탄력적 개발을 제안하고 있다. 기후 탄력적 개발에 관한 주저자인 아로말 레비 인도 인간정주연구소 소장 는 한겨레신문과 인터뷰 2022년 3월 1일자 신문 에서 "기후 탄력적 개발이란 탄소 배출을 감소하는 것뿐 아니라 세계 모든 사람을 위해 포괄적이고 통합적인 측면에서 지속가능한 개발을 추진하는 것이며, 이를 위해 사회시스템을 모두 바꿔야 함을 의미한다."고

말했다. 한편 이 보고서는 한국 연안 도시의 피해 가능성을 제시하면서 해수면 상승이 사회기반시설을 위협하여 부산의 경우 해수면 상승으로 인해 피해액이 2070년 연간 약 3조 6천억 원, 2100년에 약 8조 9천억 원에 달할 것이며, 울산은 2070년 약 6천억 원, 2100년 약 1조 5천억 원의 피해를 입으리라 예측했다.

지구상에서 전쟁은 인류 역사가 시작된 이래 끊임없이 일어나고 있다. 우리 시대 전쟁의 특징은 인류의 종말을 가져올 수 있는 세계 대전과 핵전쟁의 가능성을 늘 안고 있다는 점이다. 2022년 2월 24일 러시아는 우크라이나를 전면 침공해서 2차 세계대전 이후 유럽에서 벌어진 전쟁 가운데 가장 크고 위험한 전쟁이 발발했다.

이 혼란과 전쟁이 동아시아의 대만이나 한반도, 그리

호주 대형 산불 ⓒ조선일보, 2019.11.11

고 러시아 인근 중립국가인 핀란드나 스웨덴 등으로 확산되어 3차 세계대전으로 발전하지 않을까, 러시아의 전세가 불리하게 될 경우 핵무기를 사용하여 핵전쟁이 발발하지 않을까, 러시아의 경제제재로 인해 에너지를 비롯한 경제전쟁으로 확전되어 세계 경제가 깊은 수렁에 다시 빠지지는 않을까, 결사 항전하는 우크라이나 국민들과 전쟁 난민들의 안위와 평화는 언제 찾아올 것인가, 지구에 진정 신냉전의 시대가 도래한 것인가 등등의 염려와 걱정이 세계인의 마음을 불안하게 하고 있다.

코로나 19는 2년 넘게 전 세계에 확산되면서 팬데믹 상황이 되었으며, 우리나라에서도 2022년 3월 말 현재 오미크론 변이의 유행이 정점에 이르며 하루 확진자가 최고 60만 명을 넘어선 적도 있다. 전체 인구의 10분의 1이상이 감염되었으며 누적 확진자는 500만 명이 넘었고 사망자는 만 명에 근접하고 있다. 세계적으로는 확진자가 약 4억 5천만 명, 사망자는 600만 명을 넘고 있다.

이러한 대규모 전염병으로 인해 가난한 나라의 국민들과 각국의 사회적 약자, 빈곤 계층 사람들이 특히 많은 피해를 입고 있으며 세계 각국에서는 백신 접종과 마스크 착용 등 방역 조치의 문제로 심각한 사회적 갈등 및 정치적 혼란이 일어났고 세계적인 물류대란 및 자영업자들의 경제적 몰락 등으로 인해 각국의 경제적 어려움이 깊어졌으며 사회적 모임 제한이나 재택근무 혹은 대인기피 등으로 인해 사회의 모습 자체가 급격한 변화를 겪고 있다.

## 바다의 환대

그리스 신화에서 가이아 Gaia 는 '지구의 여신'으로 하나의 거대한 생명체인 지구를 의미한다. 가이아 지구는 그 위에 살고 있는 생물들의 생존을 위해 최적의 조건을 유지해주는 환대를 베푸는데 가이아는 바다의 신 폰토스 Pontos, 바다를 낳았다. 폰토스는 힘이 있으면서도 성정이 자애롭고 욕심이 없어서 권력을 휘두르지 않았다.

지구 표면의 70% 이상을 차지하는 바다는 인류 역사에서 환대의 공간이다. 육지에서 인간의 삶이 만들어낸 쓰레기와 오물을 맞아주고 드넓은 삶의 공간을 제공하며 먹을 것을 비롯하여 삶에 필요한 자원들을 아낌없이 내어주고 있다. 최정호 교수 전 연세대학교 는『물과 한국인의 삶』에서 "바다는 모든 것을 받아들이고, 씻어 버리고 맑게 해주는 덕 德 을 가진다."고 말한다.

한마디로 말해서 바다는 넉넉하고 큰 존재로서 인간을 환대해 준다. 바다는 자기를 통해 인간과 인류의 문화 산물이 자유롭게 교류하여 문명을 꽃피우도록 길을 내어주고 있다. 또한 지구상에 있는 물의 99%가 해수이며 지구 전체 생물군의 80%가 해양생물이고 산소의 70%와 탄소의 90%가 바다에서 공급되고 있다. 즉 바다는 인간의 생활과 생명의 유지를 위해 필요한 모든 물질을 내어주는 환대의 역할을 충실하게 하고 있다. 특히 바다는 인류가 위기를 맞은 때에 환대를 베풀어 준다.

탄소 중립이 절박한 시대에 바다는 광합성이나 직접 흡수를 통해 대기 중 온실가스를 흡수하는데, 그 능력이 육상의 50배가 넘는다. '블루 카본'은 염생식물, 잘피 등 해조류와 갯벌 등의 퇴적물을 포함한 해양생태계가 흡수하는 탄소를 의미하는데 블루 카본의 효과는 이미 국제기구를 통해 입증되었다. 또한 바다는 대기의 열을 순환시켜 기후를 조절하는 역할을 해준다. 극지에서 시작되는 바다의 거대한 순환이 적도와 극지방 사이 열을 이동시키며 기후를 조절하고 있다.

한편 심리적으로 바다는 완전한 행복과 평화가 있는 그 어떤 곳이다. 사람들은 마음이 힘들고 외로우며 삶이 무겁다고 느낄 때 바다를 찾았다. 문학작품이나 영화에서는 흔히 볼 수 있는 주제로서 바다는 영원한 이상향이고 구원이며 안식처이다. 이렇게 바다는 인간에게 정신적인 환대를 주고 있다.

공간 측면에서도 바다의 환대를 바라볼 수 있다. 해양공간이란 인류가 활용할 수 있는 바다의 공간을 말하는 것으로 수평 및 수직적 공간을 포함하는 입체적 공간이다. 인간은

베네치아 ⓒ경남신문, 2017. 12. 27

그동안 해양공간을 간척과 매립에 의해 토지화 해왔으나 기술의 발달, 기후 환경의 변화 등으로 인해 바다를 진정한 환대의 파트너로 인식하고 부유식 구조물 등 친환경적인 방식으로 활용하고 있다.

역사적으로 바다의 환대를 받으며 바다를 통해 번영을 누린 대표적인 국가가 베네치아라고 할 수 있다. 자원이 전혀 없던 베네치아는 452년 야만족의 끊임없는 위협 속에서 갯벌 위에 수상도시를 건설하였다. 그리고 이 수상 근거지로부터 바다로의 활로를 찾아서 지중해 대국으로 성장하였고 수백 년을 '지중해의 여왕'으로 존재했다. 바다의 환대를 이해하고 받아들여 관리한 덕분이다.

작가 시오노 나나미는 『바다의 도시 이야기』에서 베네치아인은 단지 물 위에 도시를 만든 사람들이 아니라 바다로 나감으로써 삶을 찾은 사람들이고, 바다에 산 사람들이라고 평가하고 있다. 시오노 나나미에 따르면 원래 베네치아가 건설된 바다는 사람들이 살기에 불리한 소택지 沼澤地 였으나 로마제국 말기 훈족이 베네치아를 침략하여 사람들이 더 이상 피할 곳이 없었을 때 신이 "바다 쪽을 보라. 거기 보이는 땅이 지금부터 너희가 살 곳이다."고 계시한 공간이다. 따라서 사제를 선두로 시민 모두가 그리로 옮겨가서 안전을 확보할 수 있었고 그 뒤 자주국방과 스스로 고안해낸 갤리선을 이용한 무역업으로 번영을 누렸다. 결국 베네치아는 시민 한 사람 한 사람이 자신들의 환경을 직시하고 신의 계시를 계기로 바다를 환대의 공간으로 인식하여 그것을 활용하고 개선하고자 노력하여 만든 산물이다.

또한 바다는 예로부터 육지 생활에서 벗어나고자 했던 사람들에게 환대의 공간이 되어주었다. 예를 들어 1968년 이탈리아 리미니 주 해안에서 11km 떨어진 아드리아 해상에 '로즈 아일랜드 공화국'이 독립국가로 건국된 사건을 들 수 있다. 1967년, 이탈리아인 조르지오 로사라는 엔지니어가 당시 냉전시대에 국가주의 이데올로기에서 벗어나려는 몇몇 사람들과 함께 400㎡ 크기의 인공섬을 건설하고 1968년 6월 24일 독립을 선포하였다. 이 바다에 자기들만의 국가를 만들려 했으나 결국 1969년 2월 이탈리아 정부의 해군이 인공섬을 폭파시키면서 바다에 자유로운 독립 국가를 건설하려는

로즈 아일랜드 공화국 ⓒ https://opinionnew.co.kr

꿈은 사라지게 되었다. 실제 이 사건을 바탕으로 만들어져 2020년 개봉된 영화 〈로즈 아일랜드 공화국〉이 있다.

한편 2008년에는 기존 국가의 간섭과 통제로부터 벗어나 완전히 자유로운 유토피아 국가를 꿈꾸는 사람들이 시스테딩 연구소 Seasteading Institute 를 만들었다. 이들은 실리콘밸리 부호들의 투자를 받아서 어느 나라 주권도 영향을 미치지 않는 공해에 독립적인 해상도시를 만들게 될 구체적인 방안을 연구하고 있다.

구글 엔지니어 출신의 자유주의자인 패트리 프리드먼이 주축이 된 시스테딩 연구소는 완전한 자유시장이 수립되고 구성원 각자의 이상이 실현되는 대안사회를 위해 바다의 환대에 의지하여 '시스테딩 Seasteading'이라는 독립적인 커뮤

Seasteading 해상도시 ⓒ www.seasteading.org

니티의 건설을 시도하고 있다. 이와 같이 바다의 환대는 상상 속 이상향을 그리워하는 인간의 꿈과 맞닿아서 해상도시의 건설이라는 구체적인 시도로 이어지고 있다.


## 환대의 해양건축

바다의 환대는 가능성으로서의 환대이며 이 가능성을 실현한 것이 해양건축이다. 해양건축은 바다의 환대를 삶의 공간으로 구체화한 것으로서 특히 육지의 삶이 위기에 빠졌을 때 인간에게 커다란 환대를 제공한다. 해양건축을 둘러싼 지구 차원의 위기로는 기후위기와 코로나 등의 질병뿐 아니라 인구증가에 따른 식량부족, 농지나 거주지를 위해 사용

환대

Lilypad ⓒ https://vincent.callebaut.org

할 육지 공간의 부족을 들 수 있다.

기후위기 시대에 해양건축은 새로운 삶의 가능성을 열어준다. 대표적인 예로서 벨기에 생태주의 건축가 뱅상 칼보가 2008년 제안한 릴리패드 Lilypad 를 들 수 있다. 릴리패드는 5만 명을 수용할 수 있는 자급자족의 부유식 해양도시로 바다의 이산화탄소와 쓰레기를 재활용해서 자체적으로 산소를 만든다. 또 태양광, 조력, 풍력 등 신재생에너지를 이용해 에너지와 식량을 자급자족하고, 해수면 상승으로 인해 연안도시가 물에 침수될 때 이를 대신하여 인간이 지속가능하게 생활할 수 있는 미래 생활공간이 된다.

한편 기후위기에 의한 해수면 상승은 폴리네시아를 비롯한 섬나라를 잠겨버리게 한다. 이는 수많은 기후난민을 발생시키며, 이들을 어느 국가에서도 받아주지 않을 경우 그들의 삶은 지속할 수 없게 된다. 따라서 유엔 인간 정주 프로그램 해비타트 UN-Habitat 는 기후난민을 위해 부유식 해상도시를 해결안으로 제시하고 부산 앞바다에 프로토타입 prototype 을 설치할 수 있도록 계획 및 설계에 착수하였다. 오셔닉스 시티라는 이름의 해상도시는 최대 1만 명의 주민이 살 수 있는 부유식 도시로서 300명을 수용할 수 있는 크기 20,000㎡ 의 인공섬이 기본 단위다. 이 인공섬을 6개 결합하여 작은 공동체를 만들고 이 공동체를 6개 결합하여 1만여 명이 거주하는 도시를 만든다는 계획이다. 도시 외곽에는 태양광 발전, 식량 재배 등을 위한 부유식 해상 플랫폼을 설치하여 에너지는 태양광 발전을 통해 얻고 식량은 수경재배와 수중양식을 통해 생산하여 자급자족한다. 음식물 쓰레기

Ocenix city  ⓒ https://edition.cnn.com

는 퇴비로 재활용한다.

이러한 해상도시는 육지에서 공간 부족의 문제와 도시 확장에 따른 자연파괴를 막을 수 있고 해수면 상승 등 위기 상황에서도 지속가능성을 확보할 수 있다. 이런 측면에서 기후위기를 극복할 수 있는 장기적인 대안으로서 부유식 해양도시가 관심을 끌고 있다. 한편 부유식 해양건축물은 바다 위 어디에서나 쉽게 이동하고 정박하여 생활공간을 제공하기 때문에 재난 발생 시 임시 생활공간으로 활용이 가능하다.

예를 들어 내전이나 국가 간 전쟁을 피해 바다로 피신하여 표류하는 난민을 위해 신속한 임시생활공간을 제공하는 데 부유식 해양건축물이 제격이다. UN난민기구 UNHCR 에 따르면 지금도 말라카 해협이나 아프리카에서 유럽으로 향하는 바다에는 수천 명의 난민이 바다에서 표류하고 있다. 그러나 이들 난민을 선뜻 받아들이는 나라가 없어서 어린아이들까지 추운 바다에서 오랫동안 표류하다가 죽어가고 있다. 이들을 위해 공해상에 부유식 해양건축물을 이용하여 다양한 규모의 난민촌을 건설하면 난민들이 정착할 곳을 찾을 때까지 안전한 생활공간으로 임시 사용할 수 있다.

한편 팬데믹 상황에서 각국 정부는 해외 입국자를 일정 기간 동안 임시 생활시설에서 격리시키고 있는데 특히 선박에서 일하는 외국인 선원을 통해 코로나가 확산된 사례가 있어서 정부는 외국인 선원의 전용 임시생활시설을 지정하여 격리시키고 있다. 정부가 지정하는 임시생활시설은 기존 호텔 등을 이용하는데 지자체와 주민들의 반발이 있으며 임시생활시설이 외국인 선원의 생활과 맞지 않아 불편한 것이 현실이다.

이에 대한 해결책으로서 항만구역 내 바다에 부유식 임시생활시설이 적절하다. 즉 해상에 떠 있는 부체 위에 건설하는 격리시설이다. 이 시설은 외국인 선원의 무단이탈이나 해상 도주를 차단하고 항만을 통한 감염병 확산을 막을 수 있으며 격리기간 동안 외국인 선원의 삶의 수준을 향상시킬 수 있다. 이 부유식 임시생활시설은 외국인 선원뿐 아니라 항만현장에서 감염병 발병 시 임시격리시설로 활용할 수도 있다.

또 다른 환대의 해양건축 예로서 수중건축을 들 수 있다. 수중건축은 수중 및 해저 공간에 들어선 생활공간으로서 수상공간과 함께 입체적으로 만들어 기반시설과 거주시설을 설치하고 해양 그린에너지를 활용하여 탄소중립에 기여하며 전쟁이나 자연재해에 대응하여 지속가능한 삶의 터전이 된다. 또한 바다 주변 국가들의 국제협력의 장으로서, 해양과학기술 공동개발 플랫폼인 '블루 이코노미 플랫폼 Blue Economy Platform '으로서 활용할 수 있다.

그러나 인류는 바다를 적대시하거나 홀대해 왔다. 태풍

블루 이코노미 플랫폼 사례 ⓒ OECD iLibrary 출판물

과 해일 등으로 인해 무섭게 돌변하는 바다를 적대시하여 무
지막지한 콘크리트 구조물로 바다를 차단하고 무자비하게
매립하면서 육지로 만들었다. 그리고 온갖 오염물질과 쓰레
기를 거침없이 바다에 버림으로써 바다가 플라스틱으로 뒤
덮이게 되는 등 욕되게 하였다. 이뿐 아니라 바다가 가지고
있는 정신적·문화적·생태적 가치를 무시하고 경제적 탐욕
에 눈이 멀어서 바다경관과 자연생태계를 파괴하는 방식으
로 바다를 학대했다. 이제 지구가 공멸할 수 있는 위기의 시
대에 바다의 환대를 절실하게 인식하고 그 환대에 합당한 환
대를 바다에 돌려주어야 한다. 그래야 인류의 위기를 극복할
수 있다.

# 김종기

독일 홈볼트대학교에서 철학(미학/사회철학) 박사학위를 받았다. 상지인문학아카데미에서 '서양미술과 미학의 창'이라는 제목으로 5년 동안 강의했다. 현재 민주공원 관장을 맡고 있다.

# 타자와 환대, 그림 속 타자의 이미지와 환대의 문제

## 레비나스: 타인의 얼굴

러시아의 우크라이나 침공으로 난민의 문제는 다시 세계인의 화두로 떠오르고 있다. 시리아, 아프리카, 남미의 난민 문제가 이미 세계사적 문제가 되어 있다. 이 난민의 문제는 바로 환대의 문제와 직결된다. 데리다 Jacques Derrida, 1930-2004 의 말처럼 우리는 항상 어디로 가고 있는 존재자, 움직이고 있는 존재자, 경계를 넘는 존재자, 일탈하는 존재자이다. 또한 라캉 Jacques Lacan, 1901-1981 의 말처럼 지금 이곳에 현전하고 있는 나는 수많은 타자의 의식을 집적하고 있는 존재자이자 수많은 타자의 물리적·정신적 흔적이 모여 있는 다양체이다. 더 나아가 나의 욕망은 타인의 욕망이다. 이처럼 나는 숱한 타자에 의해 구성되고 타자에 의해 존재한다. 이렇게 '나'의 주체성은 나 속의 '타자', '타자성'에 근거한다. 따라서 타인을 받아들이고 손님으로 환대하는 것, 타인의 호소를 받아들이는 것, 그것은 레비나스 Emmanuel Levinas, 1906–1995 의 말처럼 의무이다. 내가 경계를 넘을 때, 나는 타자이며 외국인이며 손님이다. 따라서 환대를 받는 것은 손님의 권리이며 손님을 위한 권리이기도 하다.

　여러 세기에 걸쳐 철학자들이 환대의 문제를 다루었지만, 여기서 언급되어야 할 중요한 세 명의 철학자는 칸트, 레비나스, 데리다이다. 칸트는 환대를 보편적인 세계시민의 권리로 제시한 바 있다. 내가 다른 나라에 가면 그곳의 이방인이 되기 때문에 내가 그곳을 마음대로 방문할 권리를 가져야 한다면, 마찬가지로 우리를 방문하는 이방인에게 그러한 권리를 부여해야 한다는 사실이다. 칸트의 환대는 이렇게 상호성을 기반으로 하고 있다. 그러나 환대의 법에서는 환영받는 사람들을 선택하는 문제가 그 이외의 타자들을 거부한다는 것을 암시하고 있다. 그래서 항상 환대의 문제는 역설적인 상황을 제공한다. 이미 크리스테바 Julia Kristeva, 1941- 는 이주민들의 소유권을 박탈하기 위해 그들의 취약점을 이용하는 삐뚤어진 환대 perverse hospitality 를 지적한 바 있다. 데리다도 무조건적 환대와 조건적 환대를 다루면서 여러 곳에서 환대의 '신성법'이 어떻게 배제와 억압과 결합되어 있는가를 보여주고 있다.

　이처럼 환대라는 문제의 영역은 타자들에 대한 호기심과 이방인들에 대한 공포가 결합되는 경계구역이기도 하다. 무엇보다 환대의 가장 일반적 의미는 이방인들이 여행을 하는 도중에 도움을 받고 보호되어야 한다는 믿음에서 표출된다. 그러나 안소니 파그덴 Anthony Pagden 교수는 이러한 환대의 개념이 근대 국민국가의 형성을 촉진하는 자유 이주권을 관철시키고 아메리카 정복을 정당화하기 위해 어떻게 역사적으로 조작되었는지를 기술하고 있다. 이에 따르면 환대 개념은 타자를 억압하기 위해 이데올로기적으로 변형될 수 있는 정치적 수사 修辭 또는 구실이기도 하다.[1]

아래의 두 그림은 자유, 평등, 박애라는 프랑스대혁명의 정신을 바탕으로 프랑스에서 절대주의가 붕괴되고 입헌군주제 헌법이 공포된 1791년에 제작된 메조틴트 판화로서 영국의 존 라파엘 스미스 John Raphael Smith 의 그림이다. 그림 1. 「아프리카인의 환대」는 아프리카 해역에서 난파한 이방인을 구해주고 환대하는 아프리카인을 묘사하며, 그림 2. 「노예무역」은 노예무역에 나서 아프리카 노예들을 사냥하는 유럽인들을 묘사하고 있다. 이렇게 예술가의 감성은 보편적 인간 평등의 문제를 다루면서 어느 편이 더 보편적 인류애를 실천하고 있는가를 직관적으로 보여주고 있다.

이처럼 환대는 주인과 손님, 주인과 방문객, 주인과 이

1    Anthony Pagden, *Lords of all the worlds: ideologies of empire in Spain*, Britain and France c.1500 - c.1800. Yale University Press, New Haven & London, 1998, pp. 61 이하.

그림 1. John Raphael Smith after George Morland African Hospitality, 1791, mezzotint on laid paper, 48.1 x 65.6 cm, National Gallery of Art, Washington.

방인의 관계에서 발생하며, 나와 타자의 구별을 전제로 한다. 따라서 환대의 문제는 철학적으로는 나와 타자의 관계, 동일성과 차이의 문제를 전제로 한다. 이와 관련하여 들뢰즈 Gilles Deleuze, 1925-1995 는 "내가 무엇보다도 싫어한 것은 헤겔주의와 변증법이었다"라고 적대감을 표출한 바 있는데, 그 이유는 플라톤 이래 서구 철학이 동일성 사고에 기반했고 그 가장 완숙한 형태가 헤겔의 변증법이라는 데 기인한다.

동일성 사고는 개념적 사고에 바탕을 둔다. 또 개념적 사고는 추상화하는 능력을 그 기반으로 하는 것이다. 그런데 이 개념적 사고는 개념을 통해서는 포착할 수 없는 것, 개념의 추상화 작용을 통해 배제되는 것을 억압하고 버린다. 이것을 아도르노 Theodor W. Adorno, 1903-1969 는 동일화하는 사고 identifizierendes Denken 라 칭했다. 다시 말해 개념적 사고는 동일화하는 사고이며, 그것은 구체적 개별자가 지니는 보편화할 수 없는 것, 동일화할 수 없는 것, 아도르노의 용어로서 말하자면 '비동일자' das Nichtidentische 를 배제하는 사고이다. 이 동일화하는 사고는 특수한 것 또는 개별적인 것을 보편적 개념, 원리, 원칙으로 포섭하여 그 고유성을 배제하고 보편이라는 틀 속에서 전체적으로 고찰하는 것을 가리킨다. 이것을 아도르노는 "보편적 강압"이라고 지적한다. 따라서 인류 문명과 학문의 역사는 개념적 사고를 바탕으로 하

그림 2. John Raphael Smith after George Morland, Slave Trade, mezzotint on laid paper, 48.2 x 66.5 cm, 1791, Yale Center for British Art, Yale University

는 것이었지만 다른 한편 그것은 구체적인 개별자의 보편화 될 수 없는 속성, 다시 말해 비동일자를 배제해 온 역사, 억 압해온 역사이기도 하다. 따라서 동일화하는 사고로서 개념 적 사고는 타자, 외부적인 것, 이질적인 어떤 것 등을 배제해 온 역사이기도 하다. 이 동일화하는 사고를 리오타르 Jean-François Lyotard, 1924-1998 의 다른 용어로 말하자면 총체화 전 체화 하는 사고이다.

한편 아도르노가 존재론적 관점에서 동일성과 보편성으 로 환원되지 않는 비동일자에 천착했다면, 레비나스는 윤리 학을 제1 철학으로 간주하면서 이 윤리학의 입장에서 동일 자보다 더 근원적인 존재자로서 타자에 천착한다. 레비나스 는 서양 철학이란 존재론 중심의 이성주의 철학으로서 모든 존재자의 타자성을 제거하여 동일자로 환원하는 것이라고 포착한다. 이와 관련하여 데리다는 레비나스의 사상이 "우 리에게 그리스적 로고스의 변위, 우리의 정체성, 그리고 정 체성 일반의 변위를 요구한다"[2]고 파악한다. 바로 이 지점이 데리다가 레비나스에 주목하는 곳이다. 그리스적 로고스의 위치를 바꾼다는 것은 서양 형이상학 또는 서양 철학의 이성 주의 또는 본질주의 전통의 기반을 무너뜨린다는 것을 의미 한다. 이것을 데리다의 표현으로 말하자면 서양철학의 로고

---

2   Jacque Derrida (trans. Alan Bass), *Writing and Difference*, Routledge, London and New York, p. 102.

스 중심주의를 허문다는 것이다. 이 로고스 중심주의는 다름 아닌 서양철학의 이성주의와 본질주의 전통이며, 개념적 사고의 전통이기도 하다. 이것은 또한 동일성 사고의 전통이기도 하며, 개념적 사고가 사물의 본질, 세계의 원리를 포착하여 세계를 전체적으로 포착하고자 한다는 점에서 **리오타르의 말처럼** 총체화 **전체화** 하는 사고이기도 하다. 이것을 레비나스는 철학이 성취한 존재론적 사건이란 타자의 타자성을 억압하여 동일자로 환원시키거나 동일자와 타자를 경계 짓고 동일자의 내재성, 자유의 내재성을 보편화시키는 것이라고 말한다.[3] 이러한 관점에서 레비나스는 동일화 사고의 극단이 나치의 홀로코스트에서 대표적으로 드러난 전체주의라고 보며, 이 지점에서 레비나스는 아도르노의 입장과 유사한 점을 보인다.

동일성 사고는 이성적 주체를 전제하고 또한 이러한 주체는 세계를 통일적이고 전체적으로 포착하고자 한다. 그 때문에 동일성 사고는 인식적으로나 실천적으로 전체성의 양상을 띠게 된다. 그런데 동일성 사고가 그 극단에서 타자에 대한 폭력으로서 파시즘으로 귀결되었기 때문에 근대적 주체는 비판의 대상이 되며, 주체의 해체가 사유의 중심에 놓인다. 그러나 레비나스는 타자에 주목하면서도 주체를 해체

---

3  Emmanuel Levinas, "Transcendence and height(1962)", (ed. Adriaan T. Peterzak 외) *Basic Philosophical Writings*, Indiana University Press, Bloomington and Indianapolis, 1996, p. 11 참조.

하고자 하는 것이 아니라, 근대적 주체와는 다른 주체를 내세운다. 그 주체는 타인을 맞아들이고 환대하는 주체이며, 주체성은 타인의 환대에서 드러난다. 이 타인은 우리에게 얼굴의 모습으로 나타나는 사람이다. 얼굴은 숨김없이 드러나며 위협 앞에 노출되어 있다. 얼굴은 우리가 대면하여 마주보고 경험하는 얼굴이다. 이렇게 숨김없이 드러나는 얼굴, 살갗이 그대로 드러나는 얼굴이 벌거벗은 얼굴이다. 벌거벗었다는 것은 이 타인이 모든 상황과 맥락에서 벗어났다는 것을 말한다. 이 타인은 출발지, 소유, 동행자 등등 그를 특징짓는 어떤 상황과 무관하게 우리에게 다가온다. 이렇게 얼굴로서 나에게 다가오는 이 타인은 나에 대해 절대적으로 낯선 이이며 벌거벗음이 그 본질적 상태이다. 이 벌거벗음 상태의 타인은 고통과 위협에 노출되어 있는 자이며, 이러한 타인을 환대하는 주체는 상처받을 수 있는 타인, 고통을 받는 타인을 책임지는 주체, 타인을 대신해서 고통 받는 주체이다. 이렇게 타인의 얼굴로 나타나는 자는 천사나 신적인 존재이다. 레비나스에 따르면 주인은 손님이 집에 들어오는 순간, 그의 볼모 인질 가 되어 그에 대한 무한한 책임을 진다. 이 때문에 레비나스에서 환대는 절대적이며 무조건적이어야 한다.

이러한 절대적이거나 무조건적 환대는 항상 위험을 내포한다. 왜냐하면 빅토르 위고『레미제라블』에 나오는 디뉴 Digne 교구 미리엘 주교의 행위에서 보는 것처럼 무조건적 환대는 내 집을 찾아온 이방인을 그가 어디에서 왔는지, 어디로 가는지, 무엇을 지니고 있는지, 무슨 의도가 있는지 등등을 전혀 묻지 않고 그를 환대하는 것을 의미하는 것이기 때문이다.

### 칸트, 레비나스, 데리다의 환대

이미 칸트는 『영구평화론』에서 환대를 말한 바 있다. 여기서 칸트는 환대를 국가 간의 영원한 평화의 조건으로 내세운다. 칸트에 따르면 인간들 사이의 자연 상태는 평화 상태가 아니라 오히려 전쟁 상태이다. 이때 전쟁 상태의 의미는 적대행위가 계속 자행되고 있는 상태, 또는 전쟁이 이루어지고 있는 상태가 아닌, 끊임없이 전쟁이 발발할 위협을 내포한 상태를 말한다. 그저 적대행위가 중단되었다고 평화가 보장되는 것이 아니다. 칸트는 평화의 보증은 법적 장치를 통해서만 가능하다고 본다. 자연 상태에서 나의 곁에 있는 사람이 나에게 실제 어떤 피해를 입히지 않는다 해도 그 존재 자체로 나의 안전을 위협하고 나에게 해를 끼칠 수 있다. 그는 법이 없는 상태에서는 어쨌든 나에게 위협이 된다. 따라서 나는 그를 나와 동일하게 법의 적용을 받게 하거나 나의 이웃에서 배제할 수 있다.

칸트는 국가 간의 '영원한 평화'가 가능하기 위해서 예비

조항과 확정조항을 제시하는데, 예비조항은 국가 간의 평화를 위한 필연적인 전제조건을 개괄한 것이며, 반면 확정조항은 영원한 평화가 가능하기 위해서 확정적으로, 다시 말해 유보 없이 원칙적으로 어디서나 채워져야 할 조건이 어떤 것인가를 기술한 것이다. 그것은 다음과 같다. 제1 확정조항. "모든 국가에서 시민적 헌법은 공화주의적이어야 한다." 제2 확정조항. "국제법은 자유국가의 연방제에 바탕을 두어야 한다." 제3 확정조항. "세계시민법은 보편적 환대의 조건에 제한되어야 한다." 이처럼 국가 간의 영원한 평화가 이루어지기 위해 어떤 유보도 없이 충족되어야 할 조건이 이 세 가지 확정조항인데, 그 가운데 제3 확정조항이 바로 '세계시민법'에 대한 조항이며, 그 내용은 세계시민법은 보편적인 환대의 '조건'에 제한되어야 한다는 것이다.

칸트에 따르면 국가 간의 영원한 평화는 먼저 첫째, 국내적으로 공화주의적 헌법 체제, 둘째, 국제법적으로 자유국가들의 연방제라는 조건이 충족되어야 한다. 그러나 이러한 국제법만으로는 불충분하며, 모든 인간을 결합시키는 하나의 법으로서 '세계시민법' 세계시민권 이 필요하다는 것이다. 바로 이 지점에서 칸트는 '환대 Hospitalität'를 제시한다. 그리고 그는 "'세계시민법'이란 '보편적' 환대의 '조건'에 제한되어야 한다"고 지적한다. 여기서 환대는 "한 이방인이 낯선 땅에 도착했을 때 적으로 간주되지 않을 권리"를 말한다. 모든 인간은 이 지구의 땅을 함께 소유하며 그것에 대해 공통의 권리를 가지기 때문에 낯선 땅에 발을 디뎠다는 이유로 인해 적대적으로 대우받지 않을 권리, 환대받을 권리가 있다. 그러나 이 권리는 일시적인 방문의 권리이며 사교의 권리이지만, 이방인에게 주어지는 영속적인 체류의 권리는 아니다.

여기서 칸트의 세계시민법은 망명에 대해서 말하고 있는 것이 아니라 오로지 환대, 방문권에 대해서만 말하고 있다. 왜냐하면 영원한 평화라는 관점에서 앞의 두 조건이 충족된다면 누구도 정치적인 이유 때문에 자신의 고향을 떠나야 할 근거가 없기 때문이다. 다시 말해 앞의 두 확정조항이 충족된다면 박해와 차별은 헌법의 원칙을 통해 배제될 것이기 때문에 세계 시민법에서는 이 방문권만으로도 충분하다는 사실이다. 이러한 점에서 칸트의 관점은 큰 통찰력을 보여준다.

데리다는 칸트의 조건적 환대와 레비나스의 무조건적 환대를 비교한다. 그러면서 데리다는 무조건적 환대에 정당성을 인정하면서도 윤리적 환대로서의 무조건적 환대는 언제나 조건적인 면과 함께할 때에만 구현될 수 있다는 사실을 강조한다. 현실에서는 조건과 제약을 고려하지 않을 수 없다. 왜냐하면 데리다는 순수한 무조건성이란 도달 불가능한 규제적 이념으로 머무를 뿐 아니라 구조적인 이유들 때문에 도달이 불가능하며, 또 내재적 모순들에 의해 차단되어 있어

서 도달 불가능하다고 지적한다. 무조건적 환대만 내세우게
되면 환대 자체가 존립할 수 없게 된다. 따라서 데리다는 여
기서 무조건적 환대를 부정하는 것이 아니라, 조건적 환대
의 바탕에는 언제나 무조건적 환대의 정신이 자리잡고 있어
야 한다는 것을 말하고 있다. 그래야만 환대의 특정한 조건
이 고정된 불변의 틀에서 벗어나, 더 많은 변화와 개선을 통
해 조건과 한계가 더 줄어들어 무조건적 환대에 가까워질 수
있는 것이다.

더 나아가 데리다는 성서에서 보이는 무조건적 환대가
다른 한편에서 가부장적 모델에서 이루어지는 환대의 법에
기초하고 있음을 보여준다. 그것은 자신의 환대를 지키기 위
해 딸이나 아내를 폭력에 내맡기는 극단적인 가부장적 모델
이다. 그것들은 창세기 19장과 사사기 **판관기** 19장에 나오는
이야기이다. 먼저 창세기 19장의 이야기이다.

두 천사가 소돔에 도착했을 때 롯이 소돔 성문에 앉아 있
었다. 롯은 이 천사들에게 강권하여 이들을 자기 집에 묵게
한다. 롯에게 이 천사들은 무슨 일이 일어나든 환대하여 보
호해야 할 손님이다. 그런데 소돔 사람들이 어른 아이 할 것
없이 롯의 집으로 몰려와 롯에게 그의 집을 방문한 손님을
'알고자 한다'며 내놓으라 한다. 이때 '알고자 한다'는 것은 여
러 성경 번역본에서 성관계를 의미하며, 여기서는 남성 간의
동성애를 의미한다. 이때 롯은 아직 동정녀인 자신의 두 딸

을 내어주면서 이 딸들을 어떻게 해도 좋으니 손님에게 무뢰한 짓은 해서는 안 된다고 사정한다. 그럼에도 무뢰배들이 듣지 않고 문을 부수려 하자 천사들이 롯을 집안으로 끌어들여 문을 닫고 문 밖에 있는 사람들의 눈을 어둡게 하였다.

사사기 **판관기** 19장에 나오는 이야기는 더욱 끔찍하다. 이 이야기는 에브라임 산간 지대에 사는 레위인이 자신의 첩과 노비들과 함께 집으로 돌아가는 길에 일어난 사건이다. 그는 밤을 보낼 집을 찾지 못하다가 베냐민 지파 기브아 지방에서 살고 있는 노인의 집에 묵게 된다. 이 노인은 자기와 같은 에브라임 산간 지대 출신이다. 그런데 그날 저녁 성의 불량배들이 이 노인의 집에 들이닥쳐 자신들이 강간하려 하니 손님을 내놓으라고 요구한다. 그러나 이 주인 노인은 시집가지 않은 자신의 딸과 손님인 레위인의 첩을 내어줄테니, 이 손님에게는 아무 짓도 하지 말라고 간청한다. 불량배들이 말을 듣지 않자 손님인 레위인은 자신의 첩을 이 불량배들에게 내어준다. 밤새도록 불량배들에게 윤간을 당한 그 첩은 새벽 동이 틀 때 돌아와 죽고, 레위인은 그 시신을 나귀에 싣고 돌아가 시신을 열두 조각을 내어 이스라엘 열 두 지파에게 보낸다.

자신의 딸이나 첩을 내어줄지언정 손님에게 해가 되게 할 수 없다는 이러한 주인의 마음은 인간이 쉽게 구현할 수 없는 무조건적 환대에 해당한다. 이것을 데리다는 '환대의 법'이라 칭한다. 이것은 세속적인 법 위에 군림하는 법의 법으로서 환대의 법이다. 여기서 데리다는 다음과 같은 물음을 던지면서 무조건적 환대의 이중성을 지적하고 있다. "우리는 이러한 환대 전통의 후예들인가? 어느 지점까지? 그 불변적인 것이 하나 있다면 그것을 이 논리와 이 서사들 어디에 위치시켜야 할까? 이 서사들은 끝없이 우리의 기억 속에서 증언하고 있다." 앞서 언급했듯이 데리다는 성경의 이 사례들을 제시하기 직전에 무조건적 환대가 지켜질 수 없는 현실 상황을 여러 역사적 사례를 통해 논증한 바 있었다. 데리다는 무조건적 환대가 지켜져야 한다고 주장하지 않는다. 또한 동시에 레비나스의 논증에서 나타나는 무조건적 환대가 가지고 있는 규제적 성격을 부정하지 않는다. 그리하여 현실에서 조건적 환대에 걸려 있는 제약들이 사라져가면서 환대가 더 보편적 환대로 나아가야 함을 인정한다. 그러나 그렇게 가기 위해 환대의 법은 또 어떤 약자, 소수자의 희생을 강요할 것인가를 묻고 있다.

오래전 자기 동포 네덜란드인이 노예무역을 자행하고 있던 시절, 화가 렘브란트는 다음의 두 그림을 통해 스스로 문명인임을 자처하는 유럽인들을 고발하고 있다. 그림 속 두 아프리카 사람 가운데 오른편의 사람은 금방 눈물이 떨어질 듯한 얼굴이며, 왼편의 사람은 자포자기한 듯 눈을 아래로 깔고 있다. 이 두 사람의 얼굴은 이 세상에 가장 슬픈 인간의 얼굴이다 **그림 3**. 이 얼굴이야말로 레비나스가 말하고자 하는 '타인의 얼굴'이라 할 수 있을 것이다. 그리하여 그 얼굴은 그가 6년 전에 그린 예수의 얼굴 **그림 4** 과 겹쳐진다. 바로 이들의 얼굴이 신의 얼굴이 아닌가?

그림 3.
Rembrandt, Two Negroes. 1661.
Oil on canvas. 64.5 x 77.8 cm,
Mauritshuis Museum, Hague

그림 4.
Rembrandt, The Head of Christ. c. 1655.
Oil on oak wood, 25 x 21.7 cm,
Gemäldegalerie, Berlin

# 조 재 휘

영화평론가로 씨네 21 필진이자 국제신문에 영화 칼럼을 연재 중이다.
영화 〈아가씨〉(2016) 메이킹 북 『아가씨 아카입』을 집필했고 전주국
제영화제, 부천국제영화제 모더레이터, 부산국제영화제 대중화위원회
(POP-COM) 진행위원, 영화진흥위원회 영화제 평가위원 등 영화와 관
련된 여러 분야에서 활동 중이며 2020년 『시네마 리바이벌』을 펴냈다.

# 환대의 조건을
# 질문하며

〈희망의 건너편〉 2017 에서
〈파리의 딜릴리〉 2018 까지

인간은 모든 것이 잘못될 때 최고의 상태에 있다. 가장 고
귀한 특징과 가장 추악한 특징, 즉 인간의 위대함과 천박함은
늘 그런 위기 속에서 발현된다. 모든 것이 사라지면 연대와 자
기희생의 특성이 나타난다.

- 아키 카우리스마키 Aki Kaurismäki:1957~

2022년 3월 25일 정동에 둥지를 틀고 재개관한 서울아
트시네마는 아키 카우리스마키의 〈희망의 건너편〉 2017 으
로 새로운 시대의 막을 열었다. 드라마의 극적 구성과 효과
에는 무심한 듯 감정의 고이고 흘러넘침 없이, 인물과 사건
을 제시하고 현실의 단면을 건조한 톤으로 소묘하는 카우리
스마키 특유의 색은 베를린 영화제 은곰상을 수상한 이 영화
에서도 도저하게 드러난다. 시리아 내전의 여파로 가족과 헤
어지고 난민 신세가 된 칼레드는 여동생을 찾아 유럽 곳곳을
전전하다가 핀란드에 이른다. 전쟁으로 발생한 난민을 '가장

평등하고 동등하게' 대하겠다며 국제 여론을 향해 난민에 호의적인 정책을 취하겠다 선언했지만, 정작 그가 맞이한 현실은 핀란드 이민국의 냉대였다. 뉴스에선 버젓이 시리아 내전의 실상이 보도되고 있는 상황임에도 망명 심사 끝에 법정에서 칼레드에게 내려진 판결은 망명 부적격 판정일 뿐이다.

카우리스마키는 무심히 던지는 코미디 속에 슬며시 난민 문제에 관한 핀란드의 이중적인 태도를 비판하는 정치성을 드러내고 무너져내려가는 사회 내부의 실상을 파노라마처럼 훑어낸다. 관용과 인권 감수성을 갖춘 시민의식 내지는 안정된 복지제도를 확립한 선진국이라는 막연한 인상은 이 영화를 통해 상당 부분 파괴되고 만다. 행정당국의 무능함은 민간 브로커가 위조한 신분증이 통과될 만큼 허술하며, 내수 경제는 침체되어 재산을 처분한 이들은 해외로 내빼고 있고, 난민을 포용하려 노력한다는 대외적 이미지는 불심검문하는 경찰로 시작해 민간에 만연한 인종차별주의와 네오나치의 준동으로 박살나고 만다.

그러나 영화는 작고 소박한 연대의 희망을 내비치기도 한다. 네오나치의 표적이 되어 위기에 처한 칼레드를 구해낸 건 사회의 밑바닥을 사는 하층민들의 구원이었으며, 국가가 환영해주지 않는 난민 한 사람에게 선뜻 직장과 잘 곳을 제공

타오

한 이들은 경기가 엉망임에도 가게를 운영하는 민간의 평범한 사장과 종업원들이었다. 불황 속에서 살아남기 위해 어설프게 일식집을 시도하는 등 업종을 변경해 가며 안간힘을 쓰는 이들의 모습은 쓴 웃음을 안겨준다. 제도의 회색지대를 누비는 잠행자들의 연대. 국가의 위선과 현실의 음울한 이면을 들추어내면서도 동시에 카우리스마키는 민중의 희노애락과 선의에는 믿음과 신뢰를 갖는 따뜻한 일면을 드러내며 일말의 휴머니즘적 가능성만큼은 남겨두고자 한다.

서울아트시네마가 다시 문을 열면서 〈희망의 건너편〉을 다시금 내세운 건, 다소 시간이 지났음에도 이 영화는 제22회 부산국제영화제를 통해서 국내에 공개된 바 있다. 불구하고 카우리스마키가 제기하는 문제의식이 변함없이 유효한 당대적 함의를 간직하고 있기 때문일 것이다. 한 편의 영화가 세상을 바꿀 수는 없지만 적어도 우리 시대의 화두가 무엇인지는 제시할 수 있다는, 영화적 앙가주망 engagement 의 한 예. 난민으로 표상되는 외부로부터의 타자를 넉넉히 끌어안을 만큼 우리는 준비되어 있는가를 이 영화는 관객들에게 묻고 있었던 것이다. 타인에게 관용을 베풀고 환대하자는 말에는 어느 누구도 도덕적, 윤리적 문제로 이의를 제기하진 않을 것이다. 그러나 정작 자신들 삶의 영역 안에 그들을 받아들이고 만나자는 데는 모두가 난색을 표하곤 한다. 배우 정우성이 예멘 난민과 함께 해달라는 요지의 글을 인스타그램에 남겼을 때 인터넷 상에선 찬성과 반대 의견이 격렬하게 갈렸다. 반대하는 입장은 적잖은 외국인 혐오 Xenophobia 와 인종차별의 함의를 담고 있었고, 중도적인 입장도 난민을 받아들이는 건 바람직한 일이지만 현실적인 문제를 단서로 달았던 경우가 많았다.

타자는 모든 곳에 존재한다. 낯설지만 사회 외부와 내부 어느 곳에도 있는, 다만 정상성의 외부로 밀려나 시선에서 치워진 존재들. 이들은 때론 외국인, 장애인, 성소수자 등 다양한 스펙트럼으로 나타나곤 한다. 한국 사회에서 나타나는 타자에 대한 반응은 환대와는 영 거리가 먼 경우가 많다. 대구 대현동의 무슬림 유학생들을 위한 모스크 건설이 현지 주민의 반대로 난항에 부딪치거나, 퀴어 문화축제에 대한 반대 맞불집회가 성행하고, 정당 대표가 장애인 이동권을 둘러싼 단체의 시민운동을 폄하하는 언설을 스스럼없이 내뱉는 현실은 타자성에 관한 한국 사회 일반의 사유가 어느 정도까지 성숙했는지의 현주소를 보여주는 것임과 동시에, 환대란 순전히 언어와 관념의 전환 뿐 아니라 현실의 구조적 문제와 연동되어 있는 난제임을 반증하는 것이기도 하다.

다시 말하지만 타자에 대한 관용과 환대를 그릇되었다

고 주장할 사람은 거의 없을 것이다. 그러나 한 편으로는 이 질적이고 불편한 것들을 시야에서 치워버리고, 정상성의 시선에서 깨끗하고 단정한 것들로만 채워버리자는 욕망이 항상 표면 이면에 도사리고 있다. 역설적이게도 우리는 진정한 환대의 의미를 사유하기 위해서 환대가 불가능한 현실의 조건들을 탐색해야만 하는 것이다.

## 편견과 선입견,
## 내면화된 이데올로기

〈프린스 앤 프린세스〉 1999 는 그림자만이 남은 단순한 이미지로 이야기를 표현하는 실루엣 애니메이션의 대가 미셸 오슬로의 대표작이다. 옴니버스 구성을 취하는 이 영화의 세 번째 에피소드 '마녀의 성'은 마녀가 등장하는 여러 동화의 전통적인 관점을 유쾌하게 전복한다. 왕은 마녀의 성에 들어가는데 성공한 용사에게 딸인 공주를 내어줄 것이라 선포하고, 입신출세에 안달이 난 많은 왕자들이 호응해 마녀의 성을 가지각색의 방법으로 공격한다. 나무나 쇠로 만든 공성 망치로 성문을 부수거나, 사다리를 걸어 성벽을 넘으려는 등 다양한 작전이 감행되지만 마녀의 마법과 방어전략 앞에서 번번이 실패를 맛본다. 그러던 중 한 청년이 나타나 마녀의 성문을 두드린다. 단검 외엔 별다른 무장을 걸치지 않은 그

<프린스 앤 프린세스>, 1999, DVD, 다음미디어

는 그마저도 버리고 마녀에게 성에 들어가도 되는지를 묻는
다. 격렬한 전투에도 열리지 않던 마녀의 성문은 동의를 묻
는 정중한 말 한 마디에 쉽게 열리고 만다.

　몰려든 왕자들은 마녀의 성으로 들어가라는 왕의 말을
철저히 군사적이고 폭력적인 함의로만 해석했으며, 한 번
도 만나보지도 못한 생면부지의 마녀를 퇴치해야할 악의 표
상으로만 여기고 있었다. 그러나 정작 마녀의 성에 초대받
고 들어간 청년이 목격한 것은 상상과는 정반대의 것들이었
다. 마녀의 성은 음험한 마법의 실험이나 인신공양이 이뤄지
는 밀교의 집회장소가 아니었으며, 아름답게 가꾸어진 정원,

각종 채소를 재배하는 농지, 당대의 지식을 총망라한 도서관과 다양한 기계 장치 등, 근세 사회가 도달하고자 했던 이상향의 모습을 보여준다. 중세 이래 마녀의 이미지는 악의 화신다운 추한 외모로 상상되어 왔지만, '마녀의 성'에서 그려지는 마녀는 정중하고 예의바르며 야채 스프를 좋아하고, 손님의 방문을 예기치 못해 꾸미지 못했지만 단아한 자태의 실루엣으로 등장한다. 약속대로 공주를 주겠다는 왕의 말에도 불구하고 청년은 마녀의 성에 남아 마녀와 결혼하겠다는 의사를 밝힌다. 익숙한 동화의 모티브들을 한데 모아다 뒤트는 패러디의 전략을 통해 미셸 오슬로는 일반에 널리 뿌리박인 편견과 선입견이 갖는 위험을 강조하며, 동시에 그것이 얼마나 허황된 것인가를 풍자하고자 한다. 돌이켜보면 이 에피소드가 주는 강렬한 전복의 쾌감은 르네상스 이래 17세기를 거치면서 정형화되고 유럽 사회의 서사적 전통에 강고히 뿌리박은 마녀의 모티브와 이미지, 미추에 따른 선악의 이분법이 얼마나 강고한 것이었는지를 반증하는 것이기도 하다.

벨기에의 삽화가 가브리엘 뱅상의 어린이 동화책을 영화화한 〈어네스트와 셀레스틴〉 2012 역시 주입된 이데올로기로 형성된 편견과 선입견이 타자를 맞는 공동체의 행동 방식에 얼마나 큰 영향을 끼치는가를 보여준다. 영화의 도입부는 고아원 원장인 할머니 쥐가 어린이 쥐들에게 곰의 무서움에 관한 이야기를 풀어놓는 장면으로 열린다. 이 장면의 연출이 의미심장한 건 이야기 속 곰이 아니라 촛불에 의해 만들어진 할머니 쥐의 그림자가 더욱 괴물처럼 과장된 형상으로 나타난다는 점이다. 곰을 다정한 존재로 상상하던 예외적인 존재인 셀레스틴을 제외한 나머지 어린이 쥐들은 할머니 쥐의 말을 사실로 받아들인다. 그리고 셀레스틴은 바깥 세상의 진실을 목격하고자 하는 호기심과 모험심으로 지하에 사는 쥐들의 마을을 떠나 지상에 사는 곰들의 세계로 올라간다. 지하세계에 살며 형상을 일그러뜨린 그림자를 사실로 받아들이는 다수의 군중들. 그리고 바깥의 진실을 목격하고 돌아온 소수의 선각자에 의한 계몽. 〈어네스트와 셀레스틴〉은 플라톤이 『국가론』의 7장에서 설파한 '동굴의 우

<어네스트와 셀레스틴>, 2012, Blu-ray, 플레인

화' Allegory of the Cave 에 대한 노골적인 변주에 다름 아니다.

그렇게 찾아간 곰들의 세계에서도 쥐에 대한 근거 없는 낭설, 그리고 자신들의 영역을 침범한 낯선 존재에 대한 경계심과 적의는 마찬가지이다. 어네스트와 셀레스틴은 주류에서 벗어난 방외인 方外人, 아웃사이더라는 처지를 공유하며 각자의 세계에 대한 어떠한 적의도 갖고 있지 않지만, 고아원에서 잠들었다 깬 어네스트를 발견하고 공황에 빠진 쥐들의 마을이나, 주인공 일행을 추격하던 도중 서로 시선이 마주치자마자 경계태세에 들어가는 곰 경찰과 쥐 경찰 간의 긴장은 체계적이고 지속적으로 주입된 관념이 무지를 만들고, 그 무지가 근거 없는 적의로 이어지는 오랜 사회화 과정의 귀결을 잘 보여준다. 「상상의 공동체」를 통해 근대성의 기획으로서 민족국가의 형성과정을 진단한 베네딕트 앤더슨은 이런 경우를 겪었다고 한다. 반유대주의적인 선입견을 갖고 있는 한 주민을 인터뷰하던 도중 그의 옆집 이웃이 유대인인 점을 지적하자 "그는 유대인이지만 괜찮은 사람이다"라고 답했다는 것이다.

마녀에 대한 동화의 전통이 그랬던 것처럼 반유대주의 또한 중세 때부터 상존해왔다. 하지만 이것이 국민과 내셔널리티를 정립하는 과정에서 가장 효과적인 선동의 무기로 작동한 건 드레퓌스 사건과 나치의 집권에서 드러나듯 근대 사회에 들어서의 일이었다. 근대 국가를 조형하기 위한 공동체 구성원의 의식화 작업은 자신들의 일상적 삶, 더 나아가 국경의 바깥에 있는 타자들에 대한 끊임없는 배제와 억압, 갈라치기의 전략에 입각해있었다. 집단은 일정 규모를 넘어가 거대한 단위를 이루는 순간 늘 서로를 대면하고 파악할 수는 없으며, 따라서 아我와 타他 집단의 정체성은 대부분 상상에 의존할 수밖에 없다. 근거가 있든 없든 상상에 따라 발명되고 전파된 정체성은 각 공동체에 소속된 구성원의 의식 구조를 결정짓고 타자에 대한 반응과 행동 양식에 실질적으로 작용하는 것이다. 〈어네스트와 셀레스틴〉은 이러한 정치적 상황을 동화의 형태로 우회해서 드러내 보여준다.

그렇다면 상호 간의 편견과 선입견을 넘어설 가능성은 없는 것일까? 셀레스틴이 어네스트의 집에 들어와 함께 생활을 하면서 겪는 과정은 서로 다른 습속을 가진 공동체에 속해 평생을 살아온 낯선 타자들이 한데 만나 융합하여 새로운 공동체적 삶의 양태를 만들어가는 과정을 위트있고 유머스럽게 묘사해낸다. 어네스트와 셀레스틴이 관계를 맺으면서 청소되지 않고 더러웠던 어네스트의 집은 단정하고 깔끔하게 정리되며, 방치된 지하 창고는 셀레스틴의 침실로 바뀐다. 그리고 셀레스틴이 감기가 들린 어네스트를 보살피는 등

타인

함께하는 생활이 점점 어색하지 않게 틀이 잡혀간다. 관계의 변화가 공간의 속성을 뒤바꾼 것이다. 구성원이 달라지면 공간의 규칙이 바뀌고, 공존공생하기 위해서는 각자의 차이를 인정하며 '주체의 관계를 재창조하는 방향'으로 향해야 한다. '사회적 에콜로지는 부부나 연인 사이, 가족 안에, 혹은 도시 생활이나 노동의 장 등에서 인간의 존재방식을 변혁시키고 재창조하는 특별한 실천을 발전' 펠릭스 가타리 「분자혁명」 p226~227 시키는 것에 달려있기 때문이다. 극 중 다 표현되지 않지만 곰들의 버리는 치아가 쥐들의 세계에서는 유용한 치과 자재로 쓰이는 데서 볼 수 있듯, 갈라진 두 공간을 잇고 교류하는 관계를 맺게 할 '상호교환 가능한 렌즈' 가타리 가 존재한다는 점에서 영화는 새로운 가능성의 여지를 관객에게 남겨둔다.

이처럼 상이한 차이성을 가진 타자가 같은 공간을 함께 점유하면서 공간의 배치와 성격을 바꾸는 출구의 가능성은 디즈니의 〈주토피아〉 2016 에서 보다 확장된 형태로 엿볼 수 있다. 주제의식의 측면에서 먼저 언급한 두 작품과 맥을 같이하는 이 영화가 다른 두 작품보나 눈길을 끄는 대목은 서사가 아니라 오히려 주토피아라는 공간의 물리적 구조와 시각적 디자인에서 발견된다. 주머니쥐에서 기린에 이르기까지 제각기 다른 외형과 습속, 사이즈를 가진 동물들이 한

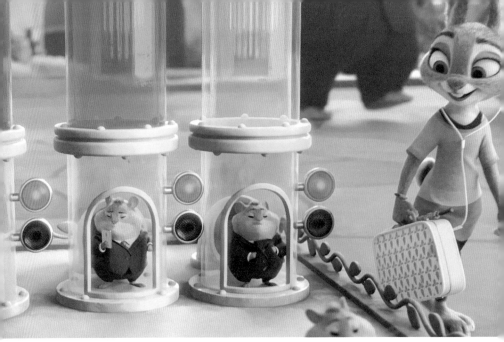

<주토피아> 2016, Blu-ray, 디즈니

데 어우러져 살면서도 안전이 위협받거나 불편함이 없도록
배려한 도시 시설의 정교함과 구역 지어진 여러 환경의 다양
한 혼재는 결국 여러 타자와의 공존과 환대가 제대로 기능하
려면 일상을 공유하고 조화할 수 있도록 공간의 배치를 바꾸
는 사회적 상상력의 기교가 도시 공간의 구조에 반영되어야
함을 시사한다. 다양한 개체들이 한데 어울려 살기 위해선
그만큼 정묘함과 번거로움, 그리고 복잡성을 견뎌내야 한다.
'주토피아'의 공간 디자인은 다양한 것들의 섞임을 위해선 용
광로마냥 무작정 한데 우겨넣는 것이 아니라, 그만큼 각 개
체의 차이성을 고려하고 배려하는 구조의 섬세한 설계가 빚
어낸 이상향이다.

타인

## 내셔널리티의 안과 밖

미셸 오슬로의 근작 〈파리의 딜릴리〉 2018 는 애니메이 션으로 만든 〈미드나잇 인 파리〉 2011 같아 보인다. 벨 에 포크 Belle Époque 라 불리는, 경제와 과학, 문화 등 사회 전반 모든 분야의 부흥으로 들떴던 파리의 화려한 시기. 〈아주르 와 아스마르〉 2001 에서 이미 유색인종 주인공을 등장시킨 바 있던 감독은 다시 한 번 카나키 뉴 칼레도니아 원주민 부족 의 딸인 딜릴리를 주인공으로 삼아, 문화와 예술은 발전했지 만 경제 발전의 이면에 감추어진 빈부격차와 인종차별, 여성 참정권을 허용하지 않았던 여성 혐오와 불평등 등, 벨 에포 크 시대의 밝고 어두운 양면을 파리 곳곳을 누비는 한 소녀 의 족적을 따라가며 훑는다.

〈파리의 딜릴리〉 2018, Blu-ray, 아이브 엔터테인먼트

당찬 소녀 딜릴리는 배달부 소년 폴과 함께 돌아다니며 각계각층의 환대를 받는다. 피카소, 로댕, 모네, 드뷔시, 르누아르, 퀴리 부인과 파스퇴르, 에릭 사티와 같이 시대를 풍미한 유명 인사들의 등장은 문화사적 지식을 갖춘 관객의 입장에선 흥미로운 지점들일 것이다. 이 영화는 식민지 출신의 유색인종 여성을 전면에 내세워 〈프린스 앤 프린세스〉 이래 〈키리쿠 키리쿠〉 2005 등을 통해 일관되게 관철해온 자유와 평등, 문화 다양성과 타자성에 관한 윤리적 문제의식을 풀어내고자 한 미셸 오슬로 필모그래피의 성격을 여실히 보여준다. 그러나 이 영화를 단지 정치적 올바름 political correctness 의 관점에서만 읽어내려다 보면 우리는 디테일에 감춰진 미묘한 함의들, 심지어 감독마저 의도하지 않았거나 문제 삼지 않았을 맹점을 놓치게 된다. 영화의 도입부에서 딜릴리는 일과시간 동안 동물원에서 카나키 원주민의 삶을 재현하는 구경거리로 등장하는데, 당시 만국박람회와 같은 행사에서 식민지 사람을 전시물로 취급함으로써 백인과 비백인 유색인종, 문명과 야만의 대립항을 설정하고 자기 정체성을 강화하는 수단으로 삼았던 제국주의 시대 서구인들의 에피스테메 episteme 가 명확히 드러나는 대목이다.

더욱 미묘한 문제는 딜릴리가 명사들을 방문하며 그들의 환대를 받는 이후의 장면에서 나타난다. 도입부 이후 대부분의 장면에서 딜릴리는 자신을 거둬준 백작부인의 가르침으로 습득한 상류계급의 예절과 표준 프랑스어를 구사하며 부르주아 계급의 차림새로 입고 나온다. 얼핏 보면 딜릴리는 민족과 인종, 국가와 계급을 넘어선 코스모폴리탄적인 존재처럼 여겨질 수 있다. 그러나 사실 이는 식민지의 주민이 본국과 동화된 문명인의 면모를 내보임으로써 지배자였던 제국의 지식인 계급이 갖고 있는, 식민주의적 죄의식 colonial guilt 을 보상받고자 하는 내밀한 욕망을 만족시켜주는 판타지에 지나지 않을 수도 있다. 마치 푸치니의 오페라 '나비부인'과 '투란도트'가 서구 관객의 오리엔탈리즘적 욕망과 기대에 철저히 복무했던 것처럼 말이다.

딜릴리가 프랑스의 상류사회와 문화계로부터 환대를 받는 건 그들의 오리엔탈리즘적 이상에 부합하는 대상화된 존재라는 점도 있지만, 백작부인에게서 프랑스인들의 언어와 습속을 학습 받았음을 매번 언급하며 지배질서의 주류에 동화되었음을 강조하는 데에서도 그 요인을 찾을 수 있다. 근대 서구 내셔널리즘의 역사는 자유주의와 보편주의, 인민주권의 개념과 시민권을 확장해오면서 아동, 여성, 인종 등 국민으로 규정되는 구성원의 외연을 꾸준히 확장해 온 역사이지만, 다른 한 편으로는 국민의 범주에 들지 않는 타자들을 거듭 솎아내고 바깥으로 몰아세우는 작업 또한 동시에 지속해 수행해온 역사이기도 하다.

보통 프랑스는 톨레랑스 tolerance 의 국가라는 식의 통념이 많이 퍼져 있지만, 아이러니하게도 다양성 담론, 다문화주의에 대한 거부감이 크고 극우 정당이 정계의 적잖은 지분을 차지하며 진보진영조차도 애국주의에 동의하고 있는 것이 실상이다. 모순처럼 보이지만 그들이 말하는 톨레랑스, 즉 관용과 포용의 정신이란 엄연히 프랑스어와 프랑스 문화를 공유하고 국적을 취득한, 즉 프랑스라는 국가에 소속 의지를 가진 공동체 구성원으로서 국민의 범주에 들어간 자인가, 아닌가의 여부에 따라 다르게 적용되는 것이다. 따라서 프랑스 사회의 강도 높은 법 집행은 공권력과 질서에 대항해 비국민 非國民, 공동의 규범을 어겨 일시적으로 국민의 자격을 잃은 자들에 대한 당연한 제재라는 성격이 강하다. 다시 말해 딜릴리는 프랑스의 내셔널리티에 적극적으로 포섭되었기 때문에 그들의 환대를 받고 마음대로 파리 곳곳을 누빌 수 있었던 셈이다. 얼핏 타자에 대한 포용과 환대처럼 비칠 수 있지만 '파리의 딜릴리'의 정치적 올바름 이면에는 은연중 아 我와 타 他의 구분이 교묘히 작동하는, 영영 해결되지 않는 내셔널리티의 문제가 깔려있는 것이다.

앞서 〈희망의 건너편〉에서 카우리스마키는 곤경에 처

〈희망의 건너편〉, 2017, 네이버 영화

한 시리아 난민 칼레드를 길거리의 핀란드인 노숙자들이 네
오나치의 폭력으로부터 구해내거나, 버스에 탄 시민들이 인
종차별주의자의 난동에 항의하는 장면을 넣은 바 있다. 민족
과 국가가 그어놓은 경계선의 강고함과 구분 짓기에도 불구
하고 난민과 노숙자, 일반 시민은 그러한 장벽을 초월한 이
해와 연대, 그리고 환영의 가능성을 보여주고 있다. 물론 이
런 작은 선의의 응원들, 국적과 인종을 넘어선 공감대의 형
성과 실천이 구조의 문제를 얼마나 개선하고 바꿔놓을 수 있
을지 가능성은 그리 높아 보이진 않는다. 21세기에 막 접어
들었을 무렵 가졌던 신세기에 대한 희망과 기대는 무너졌고,
국제화와 정보화 사회로의 이행에도 불구하고 국가와 민족,
인종, 성, 계급의 장벽은 낮아지기는커녕 더욱 높아져버린

현대의 조건을 질문하며

얄궂은 역운 逆運 의 풍경이야말로 우리가 마주하고 있는 현금 現今 의 시대상이 아닌가 싶어지기 때문이리라.


## 에필로그

일정한 범주 안에 포섭되는 구성원인가, 아닌가의 여부를 두고 차별하는 현상은 비단 근대만의 전유물은 아니다. 코르테스가 아즈텍 제국을 정복했을 때 그의 통역사이자 정부였던 말린체는 스페인 제국의 통치에 기여함으로써 동등한 대접 수준을 넘어 코르테스의 부하들로부터도 존칭으로 불린 바 있었다. 다만 말린체는 아즈텍이 아닌 인근 부족 출신이었고 노예 시장에 팔려간 이력이 있는 등, 동포 내지 민족이라는 의식이 희박했던 시대의 사람이라 현대의 관념으로 판단하기는 매우 어렵다. 무라사키 시키부의 고전소설 『겐지모노가타리 源氏物語 』에는 흥미롭게도 고려인 高麗人 : 원문 표기. 시대 정황상 발해 사신으로 추정 사신을 교토의 귀족들이 궁정에서 접견하는 장면이 있는데, 사신을 대하는 부분에서는 경어체로 서술하고 있는 반면, 다른 대목에서 교토 외곽에 사는 농민의 말은 짐승과 같다며 폄하하고 있다. 현대의 관점에선 이역만리의 한국인 사신을 동류로 취급하는 반면 같은 국가를 사는 자국민을 짐승으로 여기는 건 기괴하게 느껴지지만, 민족의 개념이 성립되지 않고 희박했던 시대에도 기준과 양상이 다를 뿐, 환대 받는 자와 그러지 못한 자의 구별과 차별은 항상 존재하고 있었던 것이다.

유사 이래 이쪽 편에 속한 자와 저쪽 편에 속한 자, 안에 들어온 자와 바깥에 내몰린 자를 가르는 이분법의 정치는 늘 존재해왔다. 보편과 인류애의 언어가 쉽사리 뭉개지고 형해화하는 현실의 질곡에 처해서, 기어이 인문의 언어들을 끌어내고 입에 담는 일은 때론 무안하고 무력하고 무참한 것인지도 모른다. 그럼에도 언제든 도래할 수 있는 낯선 타자들을 배려하고 맞이할, 환대의 마음가짐을 준비해야 할 필요성은 분명하다. 앞으로 우리가 살아갈 세계, 도래할 미래는 더 이상 단일 민족의 신화와 기성의 정상성으로는 다 묶고 아우를 수 없을, 무수한 개체들의 섞임으로 흔들리고 경계가 형해 形骸 될 혼종 hybrid 의 시대일 것이기에. 역사 현실의 조건을 사유하는 기회를 갖는 건, 환대의 불가능성을 증명하려는 것이 아니라 섞임과 공존의 가능성, 사회의 구조와 배치를 바꾸는 새로운 출구를 모색하기 위함에 취지가 있는 것이다. 일찍이 알렉산더가 선언했던 '세계의 시민' κοσμοπολίτης , 아직도 이뤄지지 않은 보다 자유롭고 열린 세계를 향한 여정을 향해 우리는 조금이나마 나아가고 있을 것이기에.

**심상교**

부산교육대학교 국어교육과 교수, 고려대 국어국문과와 동대학원을 졸업했다. 동해안별신굿과 영남지역 민속가면극을 중심으로 전통연희의 연행성 등을 연구하고 있다. 요즘은 한국민속신앙 속의 신격에 대해 연구하고 있다.

# 서사의 내용과
# 방향을 좌우하는
# 환대

'긴 두 팔을 벌려 흡사 무슨 큰 새가 저희 새끼를 품듯 뛰어들어 욱이를 안았다.' 김동리의 소설 「무녀도」에서 무당 모화 毛火 가 어릴 때 집을 나갔다가 장성한 청년이 되어 돌아온 아들 욱이를 반가이 맞는 장면이다. 환대란 모름지기 이처럼 두 팔 벌려 반가이 맞는 정도는 되어야 할 것이다.

경주에 가면 모화 毛火 라는 동네가 있다. 스님이 되기 위해 출가하는 사람들이 모화에서 머리를 깎고 머리카락을 태운 곳에서 모화라는 지명이 유래했다는 이야기가 전한다. 지명 유래를 온전히 믿을 수는 없다 하더라도 지리적 여건 등을 고려해 보면 불국토로 들어가는 일주문 역할을 한 곳이 모화였고, 출가 상황에서 일종의 하마정 下馬停 같은 역할을 한 곳이 모화였던 것이다. 모화는 성과 속이 갈라지는 경계 지점이었고 보내는 쪽이나 받는 쪽 모두에서 환대가 일어나는 곳이었다.

모화를 지나 경주 쪽으로 더 들어가면 불국사 등의 큰 절을 만날 수 있다. 불국토로 들어가기 전 마지막으로 마음을 다듬던 곳이 모화였다. 성역인 불국토 쪽에서는 새로운 불자가 들어오기에 환대가 이뤄졌고 속계 쪽에서는 성불을 향해 나아가는 한 인간을 응원하는 환송의 환대가 모화에서 일어났다고 볼 수 있다. 김동리는 이러한 지역적 특성과 자신의 소설을 연결시켰다. 경계선이 되는 지점의 지명을 주인공의 이름으로 하였고 거기에 아들과의 대립이라는 상황을 설정하여 서사의 맛을 냈다.

모화는 신의 환대를 받아 무당으로 살아왔다. 굿을 해주며 신의 환대를 사람들에게 전하였다. 모화를 향한 신의 환대가 정점을 이룬 곳은 예기소다. 경주 동국대학교 앞으로 흐르는 강이 형산강이고 동국대와 강 사이에 금장대라는 정자가 있다. 금장대 앞 형산강은 보문단지 쪽으로부터 흘러오는 북천과 만나는데, 그 지점이 예기소이다. 작품 속에서 모화는 의뢰받은 굿을 하면서 예기소의 물속에 잠긴다. 물에 몸을 던져 희망 실현을 기원하는 타수설화와 비슷한 상황이 모화와 예기소의 만남으로 만들어진 것이다. 모화가 예기소 속으로 사라진 후 실어증을 앓던 모화의 딸 낭이는 말문이 트이기 시작하였다. 김동리는 낭이의 말문 트임을 모화와 신의 환대를 상징적으로 보여주려는 사건으로 묘사하였던 것이다.

인간에 대한 신의 환대는 많은 설화에서 나타난다. 우리나라는 환인의 아들 환웅의 환대를 받아 고조선을 세웠다.

환웅이 하늘에서 널리 인간을 이롭게 할 제일 적당한 곳을 찾았는데 한반도 **삼위태백 三危太伯** 일대가 그 중 제일 적당한 곳으로 여겨져 하늘의 신인 환웅은 환대의 마음으로 하강하게 되었던 것이다. 단군이 탄생한 과정도 인간에 대한 신의 환대가 개입한다. 천상의 존재인 환웅이 신단수에 내려오자 곰과 호랑이가 환웅을 찾아가 사람이 되게 해 달라고 조른다. 환웅은 쑥과 마늘을 먹으며, 해를 보지 않으면 사람의 형상을 얻을 수 있을 것이라는 미션을 제시한다. 환웅의 미션은 신의 미션을 환대로 잘 받아들여야 원하는 일이 이뤄진다는 점을 강조하는 것이다. 제시된 미션을 완수하던 중 호랑이는, 미션 중단을 선언하지만 곰은 미션을 완수하여 사람이 된다. 사람이 된 곰 **웅녀** 는 다시 환웅을 찾아가 아이를 갖게 해달라고 조른다. 웅녀의 간절함에 신의 환대로 나타난 결과가 단군왕검인 것이다. 신의 환대로 이 땅에 인간이 태어나고 삶의 터전이 마련된 것이다. 단군신화는 사실, 이 땅에 인간이 처음 어떻게 태어났는가를 보여주는 인간 창조의 이야기이다. 그러나 단군신화를 인간 창조로 해석하는 경우는 거의 없다. 신의 환대로 나라를 세우고 생명을 건진 이야기는 고대설화 속에 적지 않다.

고구려를 건국한 주몽도 신의 환대를 받아 목숨을 구하고 고구려를 세우게 되었다. 주몽이 금와왕의 일곱 아들로부터 살해 위협을 받자, 고향을 떠나기로 한다. 주몽이 엄수에 이르렀을 때 추격자들이 바짝 따라붙어 배를 타고 강을 건널 시간이 없었다. 이에 주몽은 자신이 하늘의 신과 물의 신의 자손임을 외치며 살 수 있는 방도를 알려달라고 기도를 한다. 주몽의 간절함에 신은 환대의 증표로 어별성교 **魚鼈成橋**를 내려준다. 자라와 물고기가 만들어 준 다리를 건넌 주몽은 기원전 37년, 22세에 고구려를 건국한다. 친구이자 신하인 오리, 마리, 협보의 도움으로 주몽이 고구려를 건국하는 과정에는 이웃나라의 도발과 방해도 있었다. 고구려는 신의 환대를 받은 주몽이 세운 나라라는 점을 자랑처럼 위세를 드러내어 이웃나라를 복속시키고 건국을 완성한다.

해와 달이 된 오누이에도 인간에 대한 신의 환대가 나타난다. 마을의 일을 도와준 어머니를 잡아먹은 호랑이는 어머니로 변장하여 오누이가 사는 집에 나타난다. 오누이는 문을 두드린 존재가 어머니가 아니라는 것을 알고 위험을 직감한 뒤 뒤뜰로 도망을 가 나무에 오른다. 위험에 처한 오누이는 간절한 기도를 올리고 신은 이들을 환대로 맞이한다. 신이 내려준 환대의 동아줄을 받은 오누이는 하늘로 올라가 해와 달이 된다. 신의 환대로 오누이는 신과 같은 존재가 된 것이다. 해와 달이 된 오누이는 천지만물이 생성되는 기운을 이 땅에 내려주었다. 해와 달이 되었다는 것은 천지를 창조했다는 의미로 해석되기도 한다. 어쨌든 오누이의 환대적 선물로 인간은 천지 간에서 생명을 낳고 생명을 이어갈 수 있게 되었다. 신의 환대가 오누이에게로 내려졌고 오누이는 다시 인간에게 환대를 내려 준 결과이다. 환대의 연쇄로 인간이 탄생하고 인간이 생명을 이어가게 된 것이다.

'에구 이 사람아, 집안일을 못 잊어서 이렇게 먼 길을 찾아왔능가?' 윤흥길의 소설 「장마」의 한 구절이다. 이 구절 속에 신을 대하는 인간의 환대가 들어 있다. 「장마」의 서술자는 중학생 동만이다. 배경은 한국전쟁 중 지리산 어디쯤이다. 동만이는 할머니 집에 기거한다. 외할머니도 전쟁 중 집을 잃고 함께 기거한다. 사돈이 함께 기거하던 중 외할머니는 국군으로 전쟁에 나간 아들이 죽자 빨치산과 공산군을 저주한다. 빨치산 아들을 둔 할머니는 외할머니의 저주로 두 사람은 견원지간이 된다. 어느 날 점쟁이가 몇 날 몇 시에 빨치산 아들이 돌아올 것이라고 한다. 할머니는 음식을 준비하는 등 식구들과 함께 아들의 귀가를 기다린다. 빨치산 아들이 토벌작전에 이미 죽었을 것이라는 예감을 누구보다 분명히 갖고 있는 할머니였지만 의식적으로 아들의 귀가를 강조하며 불안을 떨쳐버리려고 한다. 빨치산 아들의 귀가가 예언된 날, 특정된 시간이 지났지만 아무 일도 일어나지 않는다. 모두가 실망할 즈음 커다란 구렁이 한 마리가 나타난다. 구렁이는 집 앞 감나무에 올라가 거기서 살기라도 하려는 듯 나무를 칭칭 감는다. 할머니는 그 구렁이가 빨치산 아들의 화신이라고 외치며 쓰러진다. 할머니의 쓰러짐에 식구들은 당황한다. 이에, 외할머니가 나선다. 외할머니는 그 구렁이가 마치 사돈의 빨치산 아들인양 두 손을 모으고 비손하듯 건네는 첫마디가 이 사람아, 집안 일이 그리 잊히지 않아 이렇게 먼 길을 찾아 왔느냐고 묻는 것이다. 구렁이를 집의 지킴이로 여기는 민속신앙은 드문 일이 아니기에 구렁이를 사람의 화신으로 생각하여 소통하는 것도 낯선 일은 아니다. 할머니가 쓰러진 것도 구렁이를 인간의 화신으로 바라보았기 때문이고 외할머니도 같은 생각이었기에 사람과 대화 나누듯 구렁이와 소통한 것이다. 신이, 죽은 빨치산 아들 대신 구렁이를 보내줬다고 생각하는 것이다. 할머니의 간절함에 신의 환대가 구렁이로 나타난 것이라고 할 수 있다.

서정주의 시에는 삶의 환대가 넉넉하게 나타난다. 그 중 하나가 「추석 전날 달밤에 송편 빚을 때」이다.

추석 전날 달밤에 마루에 앉아/ 온 식구가 모여서 송편 빚을 때/ 그 속에 푸른 풋콩 말아넣으면/ 휘영청 달빛은 더 밝아오고/ 뒷산에서 노루들이 좋아 울었네//

"저 달빛엔 꽃가지도 휘이겠구나!"/ 달 보시고 어머니가 한마디 하면/ 대수풀에 올빼미도 덩달아 웃고/ 달님도 소리내어 갈깔거렸네/ 달님도 소리내어 갈깔거렸네

이 작품에는 여러 가지 환대가 나타난다. 추석과 추석을

만나는 인간 사이의 환대, 송편 빚는 환대, 푸른 콩 소와 송편 반죽의 환대, 노루와 달빛과 추석의 환대, 꽃가지와 꽃가지를 휘게 만드는 달빛의 환대, 대숲과 올빼미 달님들의 환대 등이 나타난다. 추석 전날쯤이면 99% 보름달이다. 추석의 커다란 보름달 색깔이 마치 환대의 가뿐 무게처럼 나무에, 숲에, 사람들 마음에 내려왔다. 삶의 한 구석에 있는 조그만 존재가 아니라 세상을 덮고도 남는 것이 환대임을 이 시가 알려준다.

환대가 기쁨으로만 이어진 것이 아니다. 서정주의 시 「신부」에는 환대가 절망으로, 다시 독기 품은 한으로 이어져 결국, 형해도 없이 사라지는 존재로 표현되어 있다. 결혼 첫날밤 신랑과 신부는 결혼을 환대로 맞이하였으나 신랑의 사소한 오해로 둘은 평생을 헤어져 살게 되었다. 신랑은 떠돌았고 신부는 앉은 채로 평생을 보냈다. 수십 년 만에 신랑은 첫날밤의 그 집을 다시 찾아왔다. 그 순간 신부는 초록재와 다홍재로 내려앉았다. 환대의 기쁨과 절망이 교직되며 거대한 서사를 이룰 것 같은 내용이 몇 줄의 산문시에 절제되어 있다. 환대가 형질을 변형시켜 우리를 슬프게 하는 압축이 「신부」에 들어 있는 것이다.

환대가 빚어내는 슬픔은 희곡 『햄릿』 안에도 들어 있다. 햄릿과 햄릿 아버지와의 만남은 환대로 시작했으나 얼마 되지 않아 환대는 햄릿을 비극의 구렁텅이로 처박는 기구한 운명의 환대로 변한다. 희곡 「햄릿」은 유령과 인간의 만남으로 시작된다. 왕궁의 옥상에 저 세상으로 간 햄릿의 아버지 유령이 자꾸 출몰하여 경비병들에게 햄릿을 만나게 해 달라고 요청한다. 유령은 나타나는 장소를 가리지 않는데 햄릿이 보고프면 햄릿 방으로 가면 될 것을 굳이 왕궁 옥상에 나타나 경비병들을 공포에 떨게 한다. 경비병들은 햄릿에게 유령의 출몰을 보고하고 햄릿에게 유령과 만날 것을 요청한다. 햄릿은 한밤중 옥상에 올라 아버지 유령을 만난다. 아버지 유령은 자신의 원수를 갚아 달라고 햄릿에게 요청한다. 햄릿의 작은 아버지와 햄릿의 어머니가 서로 사랑하여 잠자는 자신을 죽이고 둘이 결혼해 산다는 것이다. 아버지 유령은 형을 죽이고 형수랑 결혼한 햄릿의 작은 아버지를 죽여 아버지의 원혼을 달래 달라고 햄릿에게 부탁한다. 햄릿은 그러겠노라고 아버지께 약속한다. 아버지 유령 앞에서 아버지의 원수를 갚겠다는 맹세를 했지만 햄릿은 그 약속의 기구함에 고뇌한다. 아버지의 원수를 갚기 위해 작은 아버지를 죽이면 그 결과는 어머니가 사랑하는 남자인 작은 아버지를 죽이게 되는 것이다. 아버지의 원수를 갚자니 어머니가 울고, 어머니의 사랑을 지키자니 아버지가 우는 고뇌의 상황이 된 것이다. 이에 햄릿은 잠시 고민하지만 결국 아버지의 원혼을 갚기로 한다. 작은 아버지와 결투하여 아버지의 원수를 갚게 되나 햄릿 자신도 죽게 된다. 아버지와의 환대가 자신의 운명을 파국으로 몰고 가는

타인

상황에 내몰리는 것이다.

「무녀도」에서의 모화와 욱이의 환대적 만남도 비극으로 끝난다. 종교적 갈등을 겪던 모화가 아들 욱이를 칼로 찌르게 되고 아들이 죽자 그 슬픔을 이기지 못한 모화는 굿을 하다가 예기소로 수장된다. 아들을 두 팔 벌려 환대했던 모화가 그 환대의 주인공과 대립하며 비극적 상황을 만들어 낸 것이다.

이처럼 환대의 함량과 성격, 진행 방향에 따라 서사의 내용도 달라지는 것을 볼 수 있다. 환대가 서사의 핵심인 갈등에 버금가는 요소라는 것을 확인할 수 있다. 환대의 다양한 성격은 인간의 삶에서 더 확인된다. 풍수지리나 명리학도 자연과 사람의 환대 관계라고 할 수 있다. 인간이 자연의 여러 요소를 환대의 정도와 연계하여 상징화한 것이 풍수지리나 명리학이다. 자연과 인간의 관계에서 환대의 기쁨이 높은 상황이면 희극의 복락을 누리고, 그 반대면 자연과 인간은 괴리되며 비극의 슬픔을 겪는다. 환대가 여러 부문에서 사람과 다양하게 관계하는 것을 알 수 있다.

아크 ARCH-
공존을 위한 인문 무크지 4 **환대**

ⓒ 2022, 상지인문학아카데미 Sangji Humanities Academy

| | |
|---|---|
| **글쓴이** | 강동진 고영란 고종석 권대오 김만권 |
| | 김용석 김종기 류영진 박형준 송철호 |
| | 신지은 심상교 이한석 장현정 전진성 |
| | 정 훈 조봉권 조재휘 차윤석 |
| **초판 1쇄** | 2022년 06월 28일 |
| **발행인** | 허동윤 |
| **고 문** | 이성철 |
| **편집장** | 고영란 |
| **편집위원** | 박형준 장현정 정 훈 조봉권 |
| **도 움** | 서동하 김혜진 |
| **디자인** | 전혜정 |
| **기 획** | ㈜상지엔지니어링건축사사무소 |
| **주 소** | 부산광역시 중구 자갈치로42 신동아빌딩 5층 |
| **전 화** | 051-240-1527~9 |
| **팩 스** | 051-242-7687 |
| **이메일** | sangji_arch@nate.com |
| **출판유통** | ㈜호밀밭 homilbooks.com |

**ISBN** 979-11-6826-032-0 04060
**ISBN** 979-11-90971-13-3 04060(세트)

2022 상지인문학아카데미

# 영화와 도시

2. 05. 24(화) ~ / 월 1회

programmed by
**Community BIFF**

BNK 부산은행 아트시네마

부산 중구 광복중앙로 13, 3층)

상 ┃ 상지인문학아카데미 회원
수기간 ┃ 2022. 05. 16(월) ~
원 ┃ 50명 내외
최/주관 ┃ 상지건축 - 상지인문학아카데미
원 ┃ 부산국제영화제 커뮤니티비프
력 ┃ BNK 부산은행 아트시네마 모퉁이극장

## 상지인문학아카데미 회원 가입

인문학아카데미 연회비 5만원
무크지 '아크(ARCH)', 연내 개최되는 아카데미 무료 강좌 우선·독점
권, 유료 강좌 할인 혜택, 레터링 서비스 등 정회원 혜택 1년간 제공

| 일정 | 시간 | 내용 |
|---|---|---|
| 1회차<br>5/24(화) | 18:30~20:30 | **뜨거운 피 : 디 오리지널 Hot Blood**<br>2020년작 ┃ 2022년 개봉 ┃ 한국 ┃ 천명관 감독 ┃ 141분 |
| | 20:30~21:30 | 천명관 감독 특강 |
| 2회차<br>6/22(수) | 18:30~20:30 | **시 Poetry**<br>2010년작·개봉 ┃ 한국 ┃ 이창동 감독 ┃ 139분 |
| | 20:30~21:30 | 장정일 작가 특강 |
| 3회차<br>7/20(수) | 18:30~20:30 | **위대한 계약 : 파주, 책, 도시 Great Contract: Paju, Book, City**<br>2020년작 ┃ 2022년 개봉 ┃ 한국 ┃ 정다운 감독 ┃ 101분 |
| | 20:30~21:30 | 조형근 사회학자 특강 |
| 4회차<br>8/24(수) | 18:30~20:30 | **버블 패밀리 Family in the Bubble**<br>2017년작 ┃ 2018년 개봉 ┃ 한국 ┃ 마민지 감독 ┃ 78분 |
| | 20:30~21:30 | 박배균 교수 특강 |
| 5회차<br>9/14(수) | 18:30~20:30 | **미안해요, 리키 Sorry We Missed You**<br>2019년작·개봉 ┃ 영국, 프랑스, 벨기에 ┃ 켄 로치 감독 ┃ 101분 |
| | 20:30~21:30 | 천정환 교수 특강 |
| 6회차<br>10/19(수) | 18:30~20:30 | **콜럼버스 Columbus**<br>2017년작 ┃ 2018년 개봉 ┃ 미국 ┃ 코고나다 감독 ┃ 104분 |
| | 20:30~21:30 | 이소진 건축가 특강 |

이후 영화 + 강연 프로그램 추후 공지

상지 ┃ 문의·접수 ┃ 상지건축 대외협력본부(전화 051-240-1526, 1529)
주관·주최 ┃ (주)상지이앤에이/엔지니어링건축사사무소(홈페이지 www.sangji21c.co.kr/블로그 blog.naver.com/osangji)

SANGJI HUMANITIES ACADEMY

S·E·A

상지인문학아카데미

# 상지인문학아카데미 연간회원모집

상지인문학아카데미 X 인문무크지 ARCH-

## 상지인문학아카데미는

상지인문학아카데미는 어렵고 따분한 인문학이 아니라 일상에서 만나는 인문학, 삶의 질을 높이는 인문학을 지향합니다. 지역 인문학자들과 함께 동반성장하는 상지인문학아카데미의 연간회원으로 여러분을 초대합니다.

## 회원혜택

가입 즉시 '인문무크지 아크' 과월호 증정(1권)
'인문무크지 아크' 신간 정기 배송(연 2권)
'상지인문학아카데미' 무료 행사 우선 초대
'상지인문학아카데미' 유료 행사 20% 할인, 우선 초
굿즈 제작시 발송 예정

## 둘러보기

▶ 상지인문학영상강의를 만나볼 수 있는 유튜브

f 아크읽어보기 등 볼거리가 가득한 페이스북!

blog 인문학아카데미 소식이 가장 먼저 올라오는 블로그!

카메라로 QR코드를 찍은 후, 다양한
상지인문학아카데미의 컨텐츠를 확인하세요!

### 상지인문학아카데미?

(주)상지이엔에이건축사사무소(대표 허동윤, 이하 상지건축
지역사회 공헌 프로그램의 일환으로 2015년부터 시작했습니
역기업에서 인문학 강좌를 개설한 곳은 상지건축이 처음이
합니다. 2016년엔 청소년인문학아카데미를 개설하였으며 총
이 넘는 강의를 성공적으로 진행하였습니다. 2020년에 '상지
아카데미' 유튜브 채널을 개설하고 인문무크지 아크를 빌
있습니다.

S·E·A

주소 : 부산광역시 중구 자갈치로 42 신동아빌딩 5층 (사회적 거리두기로 인해 방문 가입은 어렵습니다.)
문의 : 051-240-1529, 평일 오전 9시~오후 6시   상지인문학  카카오톡 플러스친구 상담시간 : 평일 오전 9시~

# 상지인문학아카데미 캐릭터 탄생

올리

## 부엉이의 영문 owl(올)과
## 한자 나무그루터기 올(杌)+다스릴 리(理)=올리

'밑바탕을 다스리다'라는 뜻으로
상지인문학아카데미를 통해 우리의 기초를 탄탄하게 다지자는 의미입니다.

야행성인 올리는 지혜와 지식으로 어둡고 어려운 환경을 잘 헤쳐나간답니다.

디자인과 기술을 통한 가치창조

### 건축설계 Des
일반 주거건축, 리모델링, 공공디자인, 도시설계, 재

### 건설사업관리 Construction Managem
건축, 기계, 토목, 구조, 전기, 소방, 통신, 조경

### 부설연구소 Architecture Instit
친환경 재생에너지, 해양건축, 도시재생, 타당성

부산항 북항 2단계 재개발 사업화 전략 아이디어 개념구상 국제공모 당선작